DU RÉGIME HYPOTHÉCAIRE,

ET

VUES D'AMÉLIORATION

DE CE SYSTÈME,

PAR M. BURETEY, Notaire

A BEAUNE.

PARIS,

Chez VIDECOQ, Libraire, place du Panthéon, 6,
près l'Ecole de Droit.

BEAUNE,

Chez BLONDEAU-DEJUSSIEU, Imprimeur-Libraire.

1838

DU RÉGIME

HYPOTHÉCAIRE.

BEAUNE. — IMPRIMERIE DE BLONDEAU-DEJUSSIEU.

DU RÉGIME

HYPOTHÉCAIRE,

ET

VUES D'AMÉLIORATION

DE CE SYSTÈME,

PAR M. BURETEY, NOTAIRE

A BEAUNE.

PARIS,

Chez VIDECOQ, Libraire, place du Panthéon, 6,
près l'Ecole de Droit.

BEAUNE,

Chez BLONDEAU-DEJUSSIEU, Imprimeur-Libraire.

1838

INTRODUCTION.

FRAPPÉ depuis long-temps des vices de notre
législation hypothécaire, j'ai saisi avec curiosité
et empressement tout ce qui pouvait amener une
réforme dans cette partie essentielle du Droit
civil. Ainsi, les publications faites sur ce sujet,
en 1828, par M. Decourdemanche ; en 1829,
par M. le baron Locré, et en 1833, par M. Sévin,
avocat au Mans, ont été l'objet de mon étude,
de mes observations.

Au mois d'octobre 1834, je communiquai
ces observations à un jurisconsulte distingué du
barreau de Paris, qui, en me les renvoyant,
voulut bien accueillir favorablement les idées
que j'émettais alors. Cette circonstance ne put
donc que me fortifier dans l'intention où j'étais
de livrer à la publicité, à la discussion mes
vues et propositions sur le régime hypothé—

taire, *afin de hâter le moment des réformes à opérer ;* mais il fallait revoir mes observations qui ont été faites à plusieurs époques, les coordonner, en faire une refonte, un nouveau travail.

Le 6 février 1836, M. Harlé, député de la Somme, ayant déposé sur le bureau de M. le président de la Chambre une pétition de M. Piquendaire qui réclamait la publicité des priviléges, des hypothèques légales et des actes translatifs de propriété d'immeubles *(principales et premières améliorations que j'ai indiquées depuis* 1829), j'ai cru devoir aussi et en même temps appeler l'attention du législateur sur ce sujet important, par ma pétition du 15 dudit mois de février 1836. La Chambre ne s'est point occupée de ces deux pétitions ; mais, dans sa séance du 16 avril 1836, M. Lavieille a fait le rapport des pétitions qui avaient été précédemment adressées, sur le même objet, par MM. Mongalvy et Merger ; et, après avoir entendu MM. Dupin aîné, Renouard et le mi-

nistre des finances, elle en a ordonné le renvoi
à M. le président du conseil des ministres,
ainsi qu'à M. le garde-des-sceaux. Par le rapport et par la discussion qui s'en est suivie,
l'on peut se convaincre de l'importance que les
représentants du pays attachent à la révision
du Code hypothécaire, et il est fâcheux que
le Gouvernement, ainsi qu'il l'avait annoncé par
l'organe de l'un de ses membres, n'ait pas encore pris l'initiative à cet égard.

D'un autre côté, un assez grand nombre de
conseils-généraux ont, depuis plusieurs années,
exprimé les mêmes vœux. Voici, en effet,
comment celui du département de la Sarthe a
récemment formulé son opinion sur cette grave
matière :

« Le conseil s'est livré à l'examen de la proposition de vœu sur la réforme du régime hypothécaire qu'il avait prise en considération dans
une de ses précédentes séances, et qui est ainsi
conçue :

« Je propose au conseil-général d'émettre le
« vœu, que le régime hypothécaire soit réformé
« dans le sens d'une entière publicité de toutes
« les charges existant sur la propriété foncière,
« afin que personne ne puisse être victime de
« priviléges et d'hypothèques secrètes, et, pour
« arriver à ce but, que la nouvelle loi propose
« la transcription au bureau des hypothèques,
« 1° de tous les actes translatifs de propriété ;
« 2° de tous les actes desquels résulterait une
« créance au profit de femmes, de mineurs,
« d'interdits ; que, lors de la transcription de ces
« actes, ils soit pris d'office, par le conservateur,
« des inscriptions hypothécaires pour sûreté des
« créances résultant des actes transcrits ; que,
« pour faciliter les transactions en matière hypo-
« thécaire, il soit apporté des modifications,
« 1° aux tarifs de l'enregistrement et des hy-
« pothèques, dans le sens de l'abaissement de
« ces tarifs ; 2° au tarif des notaires ; 3° aux
« formalités d'expropriation et d'ordre, dans le

« sens d'une grande simplification de la pro-
« cédure. »

« Après en avoir délibéré, le conseil exprime le
vœu que le Gouvernement s'occupe le plus tôt
possible de la réforme du régime hypothécaire,
dans le sens demandé par l'auteur de la proposition, et il appelle toute son attention sur
les moyens indiqués pour arriver à ce but.

(Journal des Débats, du 11 septembre 1837.)

Dans ces circonstances, et d'après les encoura-
gements qui m'ont été donnés, je me détermine
à publier mon travail sur une refonte générale
de la législation hypothécaire. N'ayant pu y
consacrer le temps nécessaire, ce travail est
sans doute incomplet ; la discussion n'a pas
été suffisamment étendue, approfondie sur beaucoup de propositions de réformes ; mais je crois
avoir donné assez de développements aux questions principales ; et à l'égard des autres, mon
opinion personnelle, qui se trouve présentée

plus brièvement, sera partagée, je le pense, par un assez grand nombre de jurisconsultes.

Mes observations étaient terminées lorsque je me suis procuré le Traité de M. Troplong. J'ai eu la satisfaction de me trouver d'accord avec ce jurisconsulte distingué sur toutes les principales réformes à opérer, à l'exception d'une seule, qui, à la vérité, est grave : c'est celle relative aux hypothèques légales des femmes et des mineurs dont la publicité ou l'inscription continuerait, suivant M. Troplong, à rester facultative. Malgré l'autorité que doit naturellement avoir l'opinion d'un magistrat aussi éclairé, je ne puis me ranger à son avis. Voici mes motifs. *D'abord, si l'on conserve des hypothèques occultes, qui, en certains cas, seraient très difficiles à découvrir, il n'est pas possible d'établir un bon système hypothécaire; en second lieu, la dispense d'inscription* SERT PLUS SOUVENT LA FRAUDE *qu'elle ne conserve et assure l'avoir d'une famille malheureuse*[a]*: celle-ci ne réclamant pas ordinairement ses droits par respect pour les* *engagements ou pour la mémoire d'un mari, d'un père honorable! Enfin, la crainte de l'omission de la formalité de l'inscription est puérile, puisque, en en chargeant les agents du Gouvernement, je la considère comme étant d'ordre public, et que, d'ailleurs, il n'est pas présumable que les rares omissions qui pourraient se glisser à cet égard, portent précisément sur les femmes et les mineurs qui auraient besoin de se prévaloir de leurs hypothèques pour obtenir le recouvrement de leurs créances légitimes.*

Dix-huit années d'exercice dans les fonctions de notaire, après un surnumérariat préalable de six années dans l'administration de l'Enregistrement, m'ont fourni de nombreuses occasions de reconnaître les vices ou imperfections des lois civiles : c'est à ce titre que j'ai cru devoir apporter le tribut de mon expérience, de mes observations. En conséquence, et comme je suis persuadé, bien convaincu de l'utilité, de l'urgence même qu'il y aurait à reviser et améliorer la législation sur les hypothèques, sur

les ventes de biens de mineurs, et sur l'expropriation forcée, je viens joindre ma voix à
celles qui, depuis long-temps déjà, appellent
l'attention du législateur sur la réforme ou
le complément des lois qui se rattachent à ces
graves et importantes matières.

DU RÉGIME

HYPOTHÉCAIRE,

ET

VUES D'AMÉLIORATION

DE CE SYSTÈME.

CONSIDÉRATIONS GÉNÉRALES,

ou

NÉCESSITÉ DE REVISER ET AMÉLIORER
LA LÉGISLATION HYPOTHÉCAIRE.

Les Jurisconsultes sont unanimes pour reconnaître et signaler de nombreuses imperfections dans le code hypothécaire qui régit la France depuis plus de trente ans. L'on ne saurait donc trop solliciter et hâter les améliorations dont cette branche essentielle du droit civil est susceptible.

En effet, la législation d'un peuple doit suivre les progrès de sa civilisation. Quand une société commence, les lois sont simples et peu nombreuses; mais alors qu'elle grandit, que les relations d'homme à homme s'étendent, que les arts, le commerce, l'industrie prennent leur essor, des besoins nouveaux réclament et nécessitent des lois nouvelles. Ainsi, dans l'enfance de la société Romaine, avant qu'on en fût venu à faire souscrire par le débiteur une reconnaissance de prêt, le créancier se contentait d'inscrire sur des tablettes le nom de l'emprunteur avec le montant de la somme prêtée. Plus tard, on imagina le cautionnement des tiers; et pour plus de sûreté enfin, la garantie réelle ou le gage.

On conçoit que le gage dut précéder l'hypothèque; car l'idée de mettre le créancier en possession de la chose, soit mobilière, soit immobilière, qui devait lui servir de garantie, dut nécessairement se présenter avant celle d'une transmission fictive, destinée à opérer les mêmes effets.

L'hypothèque fut introduite à Rome avec les lois que les Décemvirs rapportèrent de la Grèce. Le législateur athénien avait senti que, pour que l'hypothèque ne fût pas un piége tendu à la bonne foi du créancier, *il fallait qu'elle eût une existence notoire.*

Mais, d'abord apparente, elle devint bientôt occulte, et c'est vainement qu'en 1673 Colbert tenta de la rendre publique.

La clandestinité de l'hypothèque demeura donc le droit commun de la France, et la publicité n'exista que dans quelques coutumes connues sous le nom de coutumes de saisine ou de nantissement.

La loi du 9 messidor an III fit enfin triompher le système de la publicité des hypothèques. Elle établit dans chaque arrondissement un conservateur chargé d'inscrire les titres hypothécaires, et fit dépendre *l'existence de l'hypothèque de l'accomplissement de cette formalité*.

Ensuite est intervenue la loi du 11 brumaire an VII : elle fit de la spécialité et de la publicité de l'hypothèque le fondement de tout le système, conserva le mode d'inscription introduit par la loi de messidor, *et y assujétit tout créancier hypothécaire indistinctement*.

Mais, au moment où le Code civil fut discuté, de graves débats s'élevèrent au sein du Conseil-d'État pour savoir si l'on donnerait à la loi de brumaire la préférence sur les anciens principes. On combattait la spécialité et la publicité, les deux bases du nouveau régime. Enfin la publicité l'emporta.

Cependant quelques restrictions apportées à la publicité des contrats et de certaines hypothèques ont, par l'expérience et la pratique des affaires, révélé de grands vices auxquels il serait urgent de porter remède.

La loi des priviléges et hypothèques est, en effet, une des plus importantes du droit civil : car, excepté dans le commerce où la confiance est le principal aliment, l'hypothèque se mêle à presque toutes les transactions, et forme la base la plus solide du crédit.

Cette loi doit donc être établie non-seulement dans l'intérêt des prêteurs ou capitalistes, afin qu'ils aient toute sécurité en plaçant leurs fonds, mais encore en faveur des acquéreurs d'immeubles ou droits immobiliers, pour faciliter et assurer les transmissions successives de ces biens ou droits.

D'un autre côté, c'est à la propriété immobilière que les droits les plus essentiels ont été assignés par l'ordre de choses qui nous gouverne : d'où résulte un principe conservateur qu'il est important de maintenir et d'assurer, d'une manière certaine, en écartant la fraude ou les possesseurs fictifs. Pour atteindre ce but politique et moral, il faudrait donc que les transmissions ou mutations successives fussent promptement et exactement constatées, afin de présenter et faire connaître *à tous moments* les véritables électeurs ou ayant-droit dans les différents degrés de la représentation nationale.

D'une autre part, pour prévenir d'autres fraudes, simplifier autant que possible le système hypothécaire, ainsi que pour répondre à des vœux généralement exprimés, les lois sur les majorats, sur les substitutions et sur le régime dotal devraient être *complétement abolies*. Les majorats ont bien disparu de nos codes, mais leur principe subsiste encore dans les deux autres lois relatives aux substitutions et au régime dotal. En effet, ces lois frappent d'une espèce d'interdit, entre les mains des possesseurs et pendant des générations entières, une masse considérable de biens qu'il serait juste et d'une bonne politique de restituer au commerce dans l'intérêt bien entendu de tous. Et d'ailleurs, la loi doit avoir pour principe fondamental l'égalité des partages, sauf les dispositions permises par le Code civil, soit en propriété, soit en usufruit. Ces dispositions même, *surtout celles en usufruit,* tendent à induire à erreur ou surprendre les acquéreurs ou prêteurs ; car il arrive qu'un héritier vend ou hypothèque une quotité plus grande que celle à laquelle il a droit, et qu'un légataire aliène ou grève *la propriété* d'un immeuble dont il n'est *qu'usufruitier*. Il faudrait donc s'attacher à réduire le plus possible les cas où le possesseur n'est pas libre d'aliéner, afin d'éviter les fraudes qui peuvent facilement se pratiquer à cause de l'apparence du droit qu'ont toujours les possesseurs ou détenteurs des biens. Et il serait encore à désirer que l'Etat ne possédât que des établissements publics; les communes et hospices, seulement des bois; et que, conséquemment, toutes les autres propriétés fussent rendues au commerce des particuliers, au moyen de ventes ou échanges à effectuer.

Enfin, indépendamment des faits ou principes généraux, si l'on considère les nombreux intérêts particuliers que la législation hypothécaire embrasse, sa révision est une des plus graves, des plus importantes questions qui puissent être agitées.

Dans un gouvernement ennemi de la fraude, également juste envers toutes les classes de la société, l'on devrait donc introduire et perpétuer la publicité de tous les actes qui modifient ou changent l'état civil ou la capacité des personnes, ainsi que de ceux qui grèvent ou aliènent la propriété ou jouissance de leurs biens, afin qu'il y eût toute sécurité dans les différentes transactions qu'il est si essentiel de favoriser, tant pour la conservation des fortunes territoriales ou mobilières, que pour la prospérité du commerce et de l'industrie. Tout le monde, à très peu d'exceptions près, sera d'accord sur la vérité de ce principe; mais il n'en sera pas de même à l'égard du mode plus ou moins étendu de publicité, à raison du grand nombre d'actes qui la réclament pour arriver, par le système le plus large, à une sécurité entière et complète dans tous les cas extraordinaires qui peuvent se rencontrer.

La publicité des actes ou transactions n'est pas encore généralement admise en France, parce que, disent les antagonistes, elle tend à révéler les affaires de familles, à ôter aux personnes qui ont éprouvé des malheurs les moyens et la facilité de rétablir leurs fortunes ébranlées. En citant, sur ce point, l'opinion du chancelier d'Aguesseau, M. le baron Grenier, dans son Traité des Hypothèques, page 14 de son discours préliminaire, n'hésite pourtant pas à reconnaître que nos mœurs actuelles réclament impérieusement la publicité des hypothèques, et que l'abolir ou la restreindre serait porter une atteinte grave à la sécurité que doivent offrir les contrats et transactions. Plus loin, ce dernier et savant jurisconsulte cherche cependant à justifier la législation actuelle qui dispense d'inscrire les hypothèques légales des femmes, des mineurs et des interdits. Il donne même une solution assez satisfaisante à l'égard des ventes d'immeubles, grâce au secours que lui prête l'avis du Conseil-d'Etat, en date du 1ᵉʳ juin 1807; mais il ne peut en être de même au sujet d'un emprunt, puisqu'il n'existe aucun moyen de purger les hypothèques légales inconnues; et que d'ailleurs il se rencontre beaucoup de cas (affaires peu importantes) où l'on ne peut recourir aux formalités longues et dispendieuses prescrites par les lois actuelles pour purger ou restreindre les hypothèques légales. Au surplus, voici une observation concluante en faveur de la publicité des contrats et hypothèques : *malgré toutes les précautions qu'un acquéreur ou prêteur peut prendre, il est exposé, sous la législation actuelle, à être évincé en vertu d'un acte notarié rédigé, ou d'un acte sous seing privé enregistré,* SEULEMENT UN JOUR AVANT SON TITRE, sans que ce premier acte ait besoin d'être rendu public par la transcription au bureau des hypothèques. Vainement on objecterait qu'un acte notarié ou enregistré ne peut être ignoré des tiers; cela serait une absurdité, puisqu'il faut à un notaire ou à un receveur de l'enregistrement une autorisation du juge pour donner connaissance de leurs actes ou enregistrements aux personnes qui n'y sont pas directement intéressées. Il y a plus : aux termes de l'article 1328 du Code civil, les actes sous seings privés ont date *contre les tiers du jour de la mort* de celui ou de l'un de ceux qui les ont souscrits! Dans ce cas, quels moyens peuvent avoir les tiers de connaître l'existence d'un acte sous seing privé non enregistré? Il serait donc urgent, indispensable de poser en principe qu'aucun acte ne pourrait être opposé aux tiers s'il n'était inscrit sur un registre public quelconque. Et en effet, qui est-ce qui doit répondre de la bonne foi d'un individu, *si ce n'est celui qui ne rend pas public le titre qu'il en a obtenu?*

Sous l'empire des lois actuelles, l'on ne peut donc acquérir des immeubles avec sécurité, ni faire un prêt d'argent en sûreté, *même avec garantie hypothécaire,* attendu qu'un vendeur ou emprunteur peut dissimuler une première aliénation ou des hypothèques légales qui seront valables et produiront leur effet, quoique n'ayant pas été rendues publiques, soit par la transcription, soit par l'inscription au bureau des hypothèques.

Cependant rien ne serait plus essentiel que d'établir les règles nécessaires pour assurer l'exécution, la foi des transactions. Mettre toute personne *dans l'heureuse nécessité d'être juste :* tel serait l'objet de nouvelles dispositions législatives à introduire pour compléter le système hypothécaire qui ne peut présenter les avantages et la sécurité qu'on a droit d'en attendre, que par la publicité, sans restriction, de tous les actes portant aliénations ou affectations d'immeubles.

C'est d'après ces considérations générales que la révision et l'amélioration du régime hypothécaire se présentent comme un besoin de premier ordre, pressant pour la société tout entière, et réclamant dès lors la plus prompte, la plus sérieuse attention du législateur. Aussi, dès l'année 1827, un grand citoyen, publiciste distingué, M. Casimir Périer, a-t-il appelé le concours de toutes les lumières sur les vices du système hypothécaire actuel, et sur les moyens d'y remédier. Répondant à cet appel philanthropique, M. Decourdemanche, avocat à la Cour royale de Paris, et M. Sévin, avocat au Mans, ont publié leurs observations et leurs vues, dans deux brochures qui ont paru en 1828 et en 1833. Enfin, M. Hervieux, conservateur des hypothèques à Clermont, département de l'Oise, a encore, sur le même objet, adressé à la Chambre des Pairs, une pétition qui a été rapportée à la séance du 27 février 1834, et renvoyée à M. le garde-des-sceaux, ainsi qu'à M. le ministre des finances.

N'ayant point eu connaissance du travail de M. Hervieux, je ne pourrai en apprécier le mérite ; mais, après avoir indiqué les principaux vices de la législation hypothécaire, et avant de formuler mes vues et propositions de réformes ou améliorations, je me livrerai à l'examen des projets de MM. Decourdemanche et Sévin : de ces deux jurisconsultes qui ont publiquement ouvert la lice sur un sujet si grave, si important.

PRINCIPAUX VICES DU RÉGIME HYPOTHÉCAIRE.

Ces vices sont :

1° *La transmission complète et définitive des immeubles,* MÊME A L'ÉGARD DES TIERS, *sans que l'acquéreur soit tenu de rendre son contrat public par la transcription au bureau des hypothèques;*

2° *La dispense d'inscrire les hypothèques légales des femmes, des mineurs et des interdits;*

3° *L'obligation, de la part de tout créancier ordinaire, de renouveler son inscription* TOUS LES DIX ANS.

Ces causes sont autant d'obstacles à la sécurité des acquéreurs ou prêteurs. Il serait cependant très essentiel de favoriser les uns et les autres, non-seulement dans leur intérêt, mais encore dans celui de la propriété foncière en particulier, puisque, sous l'empire des lois actuelles, elle ne peut offrir au possesseur une ressource certaine, exempte d'inconvénients réels, ainsi que je vais m'en expliquer et l'établir.

DÉFAUT DE TRANSCRIPTION.

D'abord, la loi sur les hypothèques pèche entièrement par sa base. En effet, elle prescrit des formalités minutieuses pour constater les hypothèques et les rendre publiques, mais elle ne donne aucun moyen de faire connaître d'une manière certaine *le véritable propriétaire* des immeubles ; de telle sorte qu'un acquéreur ou prêteur de bonne foi est exposé à être évincé en vertu d'un acte frauduleux fait ou enregistré la veille de son contrat.

Il ne sera donc pas possible d'acquérir ou de prêter avec sécurité, tant que la transcription d'une vente ne sera pas nécessaire pour transférer la propriété des immeubles *à l'égard des tiers*, ainsi que l'avait prescrit l'article 26 de la loi du 11 brumaire an VII. Telle était d'ailleurs l'intention du législateur lorsqu'il a adopté l'article 1583 du Code civil, conçu en ces termes : « La

« vente est parfaite *entre les parties*, et la pro-
« priété est acquise de droit à l'acheteur à *l'égard*
« *du vendeur*, dès qu'on est convenu de la chose
« et du prix, quoique la chose n'ait pas encore
« été livrée ni le prix payé. » Et voici, au surplus, comment M. Grenier, orateur du Tribunat,
s'expliquait dans le discours qu'il a prononcé au
Corps-Législatif, dans la séance du 15 ventose
an XII, en présentant le vœu d'adoption de la
loi : « La vente étant une fois établie légalement,
« la transmission de la propriété, dès l'instant
« qu'elle devra avoir lieu, selon les différents cas
« déterminés par la loi, s'opérera de droit.

« Mais, à ce sujet même, il était essentiel
« que le législateur indiquât que cette règle,
« dans sa généralité, ne devait avoir lieu, comme
« il est dit dans l'article 1583 du Code civil, que
« de l'acheteur à *l'égard du vendeur*. Il était de
« toute évidence que cette règle ne devait pas
« être appliquée à *l'égard des tiers* qui pour-
« raient avoir sur la chose un droit antérieur
« à la vente qui en serait faite. Elle ne devait
« pas plus l'être à l'égard des tiers qui n'auraient
« acquis un droit que postérieurement à la vente,
« mais qui devaient le conserver si cette vente
« n'avait pas été revêtue de certaines formalités
« prescrites, par la loi, comme moyens de par-
« venir à la consolidation de la propriété.

« Je citerai pour exemple de ce que je viens
« de dire la formalité de la transcription des
« contrats de vente, établie par l'article 26 de
« la loi du 11 brumaire an VII, relative au ré-
« gime hypothécaire, et qui peut être maintenue
« par la loi qui est attendue sur les hypothèques.
« Jusqu'à cette transcription, les actes translatifs
« de biens et droits susceptibles d'hypothèque
« ne peuvent être opposés aux tiers qui auraient
« contracté avec le vendeur, et qui se seraient
« conformés aux conditions établies par cette
« même loi du 11 brumaire. » *(Page* 237 *du
volume* 14 *de la* Législation civile, *par M. le
baron Locré.)*

Par suite de ces principes que le Tribunat
avait adoptés, il s'engagea, au sujet des articles
91 et 92 du projet de loi sur les hypothèques,
une discussion dans laquelle M. Treilhard, rap-
porteur, et M. Jolivet, ont soutenu la rédaction
de ces articles qui exigeaient la formalité de la
transcription ; mais le consul Cambacérès et
M. Tronchet l'ayant combattue, le Conseil a
adopté en principe : « Que la transcription du
« contrat ne transfère pas à l'acheteur la
« propriété, lorsque le vendeur n'était pas pro-
« priétaire. » *(Pages* 283, 284 *et suivantes du*
16ᵉ *volume du même Ouvrage.)*

C'est donc d'après cette décision que l'article relatif à la transcription au bureau des hypothèques n'a point passé dans le Code civil. Cependant il me semble que la rédaction était loin d'être satisfaisante, de trancher la difficulté. En effet, aucun doute sur l'intention du Conseil n'aurait pu s'élever s'il eût été dit : que la transcription du contrat ne transférerait pas la propriété lorsque le vendeur n'était pas ou *ne serait plus propriétaire;* mais ces seules expressions : *n'était pas propriétaire*, auraient dû ne s'appliquer qu'au cas où le vendeur n'aurait *jamais* été propriétaire de l'immeuble aliéné, et non à celui où le vendeur eût, par un second contrat, aliéné l'immeuble *qu'il avait long-temps possédé* et *dont la veille encore il était propriétaire légitime.*

Quoi qu'il en soit, et quelle qu'ait été la pensée du législateur sur la question dominante et capitale dont il s'agit, l'opinion de M. Treilhard reste dans toute sa force. Elle est ainsi motivée : « On a voulu que les prêteurs ne fussent pas « obligés de se livrer à une confiance aveugle ; « qu'ils eussent des moyens de vérifier la situation « de ceux auxquels ils prêtent leurs capitaux : de « là la publicité des hypothèques. Cependant « l'effet de ce système serait manqué si l'on « n'était pas autorisé à regarder comme pro-

« priétaire celui qu'on trouve inscrit sous cette
« qualité. Si cet individu a vendu son héritage,
« et que néanmoins il l'engage comme s'il lui
« appartenait encore, point de doute qu'il ne se
« rende coupable d'un stellionat. Mais sur qui
« les suites de cette fraude doivent-elles retomber?
« Sera–ce sur le prêteur, qui n'a pu s'éclairer
« que par l'inspection des registres hypothécaires?
« non, sans doute : ce sera sur l'acquéreur, qui
« était obligé de faire connaître son contrat, et
« qui, pour ne l'avoir pas fait transcrire, a jeté
« dans l'erreur celui que la loi renvoyait au re-
« gistre. On voudrait qu'un acheteur fût libre
« de ne pas faire transcrire. Il peut s'en dispenser;
« mais alors il ne lui restera d'autre garantie
« contre les hypothèques à venir que la mora-
« lité de son vendeur. Au reste la disposition
« n'ébranle pas les anciennes acquisitions; elle n'a
« trait qu'aux hypothèques créées par le vendeur
« sur une chose dont il s'est dessaisi, et elle donne
« en ce cas la préférence au prêteur qui n'a
« rien à se reprocher, sur l'acheteur qui ne peut
« imputer qu'à lui-même les suites fâcheuses de
« sa négligence ou de sa crédulité. Elle ne con-
« cerne que le vendeur, propriétaire véritable, et
« non le faux propriétaire qui a vendu l'héritage
« d'autrui. Si le vendeur n'a point la propriété de
« l'immeuble, la transcription ne la transmet pas

« à l'acheteur. L'article 94 est d'ailleurs un moyen
« de prévenir la collusion frauduleuse de l'acqué-
« reur et du vendeur, qui, si le contrat suffisait
« sans transcription, pourraient se concerter pour
« faire des dupes en offrant un faux gage. »
(Page 287 du volume 16.)

D'après la discussion qui eut lieu à cet égard,
la disposition qui exigeait la transcription pour
transférer la propriété des immeubles à l'égard
des tiers paraît n'avoir pas été adoptée par deux
motifs : le premier, à raison de ce qu'un acquéreur ayant joui depuis dix, vingt ans, aurait pu
être dépouillé de sa propriété par un acquéreur
nouveau qui aurait fait transcrire; et le second,
parce que les droits de transcription étaient une
augmentation assez considérable dans les frais
d'acquisition. Au premier abord, il paraîtrait
effectivement bien injuste qu'un possesseur de
bonne foi et depuis plusieurs années, pût être
forcé d'abandonner sa propriété; mais, tout en
respectant les droits acquis, il ne fallait pas
abandonner entièrement le système qui pouvait
donner toute sécurité en faisant connaître le véritable propriétaire par quelque formalité indispensable : par exemple, *l'inscription sur les rôles
de la contribution foncière réunie à un acte enregistré, et dont les tiers auraient pu avoir con-*

naissance au moyen de certificats à délivrer par les maires et les receveurs de l'enregistrement. Quant au motif de l'augmentation des frais, il ne subsiste plus aujourd'hui, puisque le droit de transcription est perçu lors de l'enregistrement; et d'ailleurs, ce que les acquéreurs paient à cet égard est assez considérable pour que la formalité de l'enregistrement soit exactement constatée sur un registre public, afin d'assurer la propriété des biens acquis. Il me paraîtrait donc essentiel et très important qu'il fût décidé qu'on ne pourrait opposer aux tiers les actes translatifs de propriété ou jouissance d'immeubles que du jour de leur enregistrement; que cet enregistrement se fît au bureau d'arrondissement ou de canton, sur un registre spécial, dont les receveurs ou conservateurs seraient tenus de délivrer des copies, extraits ou certificats, sous leur responsabilité personnelle; mais que, dans aucun cas, la transcription ou l'inscription faite en vertu d'un acte faux par supposition de noms, ne produirait aucun effet, ainsi que M. Treilhard l'avait énoncé et fait remarquer.

On insiste, et l'on ajoute que la publicité de tous les actes ou transactions a le grave inconvénient de révéler les affaires et les secrets de famille. Mais, tout en adoptant ce raisonnement, on ne peut se dissimuler qu'un acquéreur ou prêteur a droit d'exiger toutes les justifications qu'il juge convenables, *au moins relativement à l'immeuble vendu ou hypothéqué.* Eh bien! qu'on n'accorde le droit de demander des extraits ou certificats d'enregistrement ou inscriptions qu'aux personnes intéressées en vertu d'un acte, et seulement à l'égard des biens acquis ou hypothéqués.

HYPOTHÈQUES DISPENSÉES DE L'INSCRIPTION.

En second lieu, la dispense absolue d'inscrire les hypothèques légales des femmes, des mineurs et des interdits, oblige tout acquéreur à remplir, pour la purge de ces hypothèques, des formalités dont les frais sont beaucoup trop considérables *pour le plus grand nombre d'aliénations,* et rend incertaines toutes les sûretés que l'on peut exiger pour un prêt, attendu que le même individu peut avoir été marié ou tuteur plusieurs fois, sans que le prêteur l'ait su. Aussi, dans la discussion de cette partie du Code civil, séance du 19 pluviose an XII, voici comment M. Treilhard s'exprimait : « Assujétir les hypothèques légales « à la formalité de l'inscription, c'est, non pas « les détruire, mais au contraire en assurer « l'effet; car depuis long-temps l'expérience a

« prouvé que, sans cette précaution, elles sont
« inutiles. Trop souvent un père se laisse tromper
« par des apparences de fortune, et par les ma-
« nœuvres de l'homme qui recherche sa fille :
« ensuite ce vain appareil s'évanouit, et l'hy-
« pothèque légale ne trouve plus de prise. D'un
« autre côté, quelque sacrés que soient l'intérêt
« de la femme et celui du mineur, *ils ne doivent*
« *pas cependant absorber tout autre intérêt*. C'est
« dans cet esprit qu'a été porté l'édit de 1771,
« qui a été combattu sous le rapport de la bur-
« salité, mais dont le fond et l'objet ont été
« universellement adoptés. Cependant cette loi
« n'était utile que dans le cas de la vente : or,
« ce contrat n'est pas le seul auquel il fallut
« pourvoir. D'après cette considération, on est
« insensiblement arrivé au système de la loi du
« 11 brumaire, qui ne fut pas une loi de cir-
« constance amenée par l'existence du papier-
« monnaie, *mais la conséquence d'un principe*
« *ou système profondément réfléchi, dans la vue*
« *d'empêcher les fraudes et de ranimer le crédit.*
« Ce n'est point alors qu'on a imaginé de faire
« dépendre l'effet de l'hypothèque de certaines
« formalités extérieures. Cette idée est empruntée
« de l'édit de 1771, qui exigeait des oppositions
« pour la conservation de toutes les hypothèques,
« à l'exception de celle du douaire. On avait

« donc senti dès lors que la protection due à la
« femme et au mineur, ne pouvait empêcher la
« loi d'établir des moyens de purger l'hypothèque
« à leur égard, et que négliger de le faire, c'était
« troubler l'ordre et blesser la justice. Il n'y a de
« différence, quant à l'hypothèque légale, entre
« ce système et celui de la loi du 11 brumaire,
« qu'en ce que la formalité des inscriptions a été
« substituée à celle des oppositions : or l'une n'est
« pas plus difficile que l'autre. Mais il faut discuter
« les objections. On oppose que les inscriptions
« sont inutiles pour faire connaître que le mari
« est engagé ; le fait du mariage suffit pour en
« avertir le public. Il a déjà été répondu à cette
« objection : D'abord, que le fait du mariage n'est
« pas toujours connu (le mari quelquefois vit
« loin de sa femme) ; ensuite, que le seul fait du
« mariage n'apprend pas au public pour quelle
« somme les biens du mari sont hypothéqués.
« Si l'on disait qu'il faut chercher des moyens
« de parvenir à ce que les inscriptions soient
« toujours prises en effet pour la femme et pour
« le mineur, M. Treilhard partagerait cet avis.
« Certainement il en existe. Il faut d'abord charger
« le mari de prendre inscription, et ne pas craindre
« de ruiner à jamais la confiance entre époux :
« loin qu'au moment du mariage les précautions
« soient déplacées, c'est au contraire alors que

« le mari ne se refuse à aucune des sûretés qui
« lui sont demandées. Si l'on croit qu'il ne suf-
« fise pas de charger le mari du soin de prendre
« les inscriptions, qu'on charge le notaire qui
« reçoit le contrat, de veiller à ce qu'elles soient
« formées; qu'il ne puisse délivrer d'expédition
« sans qu'on lui justifie que l'on a fait inscrire;
« *qu'on en charge le receveur de l'enregistrement.*
« Qu'on prenne enfin tous les moyens qu'on vou-
« dra, pourvu qu'il y ait des inscriptions qui
« avertissent le public que les biens du mari sont
« grevés. On a dit encore : « L'hypothèque légale
« est donnée directement par la loi; elle ne doit
« donc dépendre d'aucune formalité extérieure. »
« Sans doute l'hypothèque légale est l'ouvrage
« de la loi seule; mais la loi suppose qu'on en
« assurera l'effet en remplissant les conditions
« qu'elle prescrit. C'est ainsi que, sous l'édit de
« 1771, l'hypothèque légale périssait faute d'op-
« position, et que même on était obligé de re-
« nouveler cette opposition tous les trois ans.
« Tout ce qui vient d'être dit s'applique égale-
« ment au tuteur. La famille assemblée peut exiger
« qu'il désigne ses biens, qu'il forme lui-même
« inscription. On peut les faire prendre par le
« juge de paix ou par le receveur de l'enregis-
« trement. Enfin, personne ne conteste l'excel-
« lence du système de la publicité et de la

« spécialité en soi ; on ne l'attaque que par les
« inconvénients qu'il a produits dans son orga-
« nisation actuelle. Que conclure de là ? Qu'il
« faut abolir le système ? Non ; mais qu'il faut
« en corriger les abus. Ce n'est pas cependant
« qu'il faille espérer, quelque organisation qu'on
« lui donne, qu'on le dégagera de tout incon-
« vénient. Mais il en est ainsi de toutes les lois ;
« aucune n'atteindra jamais la perfection : quand
« elles préviennent la plus grande partie des
« inconvénients, elles sont aussi bonnes qu'elles
« puissent l'être. » *(Locré, pages* 199, 200,
201 *et* 202 *du volume* 16.*)*

Cependant, malgré la force de ces raisonnements, qui étaient encore appuyés par MM. Berlier
et Cretet, le Conseil, d'après l'avis du premier
consul et de MM. Portalis et Tronchet, a adopté
en principe : « *Que toute hypothèque sera publique ;*
« que l'hypothèque conventionnelle sera toujours
« spéciale ; que la sûreté de la femme et du
« mineur doit être préférée à celle des acquéreurs
« et des prêteurs. »

Néanmoins, l'intention bien formelle du législateur était que les hypothèques légales fussent
toutes rendues publiques *par des inscriptions :*
c'était une mesure d'ordre public, *afin d'avertir*

les tiers. (Discours de M. Berlier, page 260 du volume 16.) Et les articles 2136, 2137, 2138 et 2139 du Code civil en sont d'ailleurs la preuve évidente, incontestable.

Il s'agirait donc de trouver le moyen le plus sûr de former exactement les inscriptions, et cela est facile en en chargeant les receveurs de l'enregistrement. En effet, pour les femmes il ne serait pas possible d'omettre la formalité. D'abord, les actes de mariage pourraient être adressés aux receveurs qui inscriraient de suite, si cela n'avait déjà été-fait en vertu du contrat de mariage; en second lieu, il devrait être défendu aux notaires de délivrer expéditions des contrats de mariage, sans mentionner l'inscription faite au profit de la femme. Il en serait de même à l'égard des mineurs ou interdits, en défendant aux greffiers de délivrer expéditions des nominations de tuteurs ou subrogés-tuteurs, sans mentionner les inscriptions faites, soit d'après les actes de décès, soit lors de l'enregistrement de leurs actes.

Au surplus, cette mesure serait au moins autant dans l'intérêt des femmes et des mineurs ou interdits, que dans celui des acquéreurs ou prêteurs; car, si l'inscription existe, l'acquéreur est tenu de donner connaissance de son contrat par une notification d'huissier : au contraire , s'il n'y a point d'inscription, il purge toutes les hypothèques légales par l'insertion au journal et une signification au procureur du roi : for- malités ordinairement ignorées, *surtout par les femmes, qui, cependant, sont le plus intéressées à les connaître pour assurer leurs droits.*

RENOUVELLEMENT DES INSCRIPTIONS
TOUS LES DIX ANS.

Enfin, un vice non moins grand existe encore dans le système hypothécaire : c'est l'obligation, de la part de tout créancier, de *renouveler* les inscriptions *tous les dix ans.* Est-il raisonnable, en effet, que l'omission de cette formalité puisse faire perdre le rang et les droits acquis d'un premier créancier hypothécaire? Tel est cependant le résultat de cette disposition désastreuse qui est vraiment effrayante, tant pour les créanciers que pour les fonctionnaires publics, comptables et agents d'affaires. D'abord, le débiteur annonce son intention de se libérer avant les dix ans; le créancier ne se presse pas de renouveler son inscription, *attendu que les droits en seraient à sa charge, s'il était payé avant l'expiration de ces dix ans ;* il perd de vue cette affaire; le débiteur ne se libère pas, et la créance est perdue. D'un autre côté, un premier créancier achète la propriété de son débiteur ; il croit inutile de remplir les formalités pour purger les hypothèques *postérieures :* CELA N'EST PAS MÊME POSSIBLE A CAUSE DE LA MODICITÉ DE L'OBJET; il laisse périmer son inscription; et les autres créanciers viennent lui faire payer l'immeuble qu'il n'avait acquis qu'en compensation de ce qui lui était bien légitimement dû. Au surplus, la formalité de l'inscription n'est qu'un accessoire, une conséquence de l'obligation préexistante, et ne devrait être sujette au renouvellement qu'en même temps que le titre. Telle était d'ailleurs la proposition de la section de législation, lors de la présentation du projet de loi, dans la séance du 10 ventose an XII : elle a été soutenue par MM. Treilhard et Reynaud; mais, d'après l'avis du consul Cambacérès et de MM. Cretet et Berlier, le renouvellement décennal a été adopté. *(Locré, pages* 277 *et* 278 *du volume* 16.*)*

Le principal motif de cette décision a été que si les inscriptions n'étaient pas sujettes au renouvellement, il s'établirait une trop grande confusion par la suite à raison du nombre de volumes à consulter. Mais on n'a point fait attention que

dans tous les cas, on serait obligé de recourir
aux premières inscriptions, puisqu'elles forment
la base du droit du créancier, et que *tous les*
renouvellements ne feraient qu'accroître le nombre
des volumes par des répétitions et double-emplois,
dont l'omission facile compromet journellement les
intérêts les plus légitimes.

Il est donc certain, évident que les renouvellements ne font qu'augmenter le nombre de volumes, déjà trop considérable, dans les bureaux
d'hypothèques; et non-seulement il faudrait y
renoncer, mais supprimer entièrement les registres sur lesquels on copie péniblement et à
grands frais les actes translatifs de propriété ou
usufruit d'immeubles, ainsi que les bordereaux
d'inscriptions. Ces registres pourraient être rem-
placés par des extraits à délivrer par les fonctionnaires publics dépositaires des actes ou jugements. Ces extraits seraient rangés par ordre
alphabétique sous les noms des vendeurs, donateurs et débiteurs, ou des nouveaux possesseurs,
créanciers ou débiteurs. Au fur et à mesure des
radiations, l'extrait relatif à l'inscription radiée
serait retiré et mis à part dans un ordre particulier; et il en serait de même à l'égard des
inscriptions périmées après trente ans, sans renouvellement, ou d'après des bases fixes relati-

vement aux hypothèques légales, *de manière que les liasses ou volumes en usage ne comprendraient, sous le nom de chaque individu grevé, que les inscriptions existantes et non rayées ni périmées.*

Au surplus, le meilleur parti à prendre serait de réunir les conservations d'hypothèques aux bureaux d'enregistrement ; les conservateurs formeraient leurs tables ou répertoires sur les enregistrements, et à la vue des actes présentés à la formalité, sur lesquels ils mentionneraient l'inscription requise ou obligée d'après les lois. cette mesure supprimerait presque entièrement, comme étant inutile, tout le travail matériel et très considérable des conservateurs d'hypothèques. Leurs fonctions se réduiraient à une exactitude rigoureuse et au bon ordre à apporter dans l'établissement et la tenue des tables ou répertoires servant à constater l'existence de tous les actes dont la publicité serait nécessaire.

PROJET DE M. DECOURDEMANCHE.

Dans son Traité, M. Decourdemanche a embrassé le plan le plus vaste pour arriver à la publicité complète de l'état-civil et de la capacité des personnes, à l'indication exacte de leurs immeubles et à la connaissance des charges qui pourraient les grever.

Ainsi, il voudrait que fussent inscrits sur des registres publics :

1° Relativement à l'état-civil et à la capacité des personnes,

Les actes de naissances, mariages, émancipations, interdictions, les nominations de tuteurs, curateurs, conseils judiciaires; les enrôlements au service de terre et de mer; les congés, les jugements d'enquête et de déclaration d'absence; les réceptions de cautions; les adoptions; les nominations de comptables, prestations de serment; les protêts, déclarations de faillite, concordats ou contrats d'union; les séparations de biens et de corps; les mandats d'arrêts; les exploits introductifs d'instance ou autres actes relatifs à l'état des personnes, à la jouissance ou privation des droits civils; les déclarations de changements de domicile; les actes de société, les dissolutions; les actes de décès; les procès-verbaux d'appositions et levées de scellés, les inventaires, acceptations de communautés et successions, les renonciations.

2° Relativement aux immeubles,

Les baux, antichrèses, concessions de marais
à dessécher, cessions de biens, donations entre-
vifs ou à cause de mort ; les échanges, ventes,
licitations, surenchères, partages, déclarations
de successions ; les actes constitutifs de servitudes ou d'usufruit ; les séquestres ; les consti-
tutions de majorats ; les substitutions ; les marchés pour constructions, états de lieux et
réceptions d'ouvrages ; les exploits introductifs
d'instances ou actes relatifs aux actions réelles
et possessoires ; les contrats constitutifs d'hypothèques conventionnelles ou judiciaires ; les
contrats de mariage, nominations de tuteurs, et
tous autres actes contenant paiement, obligation
ou aliénation desquels il résulte un droit d'hypothèque légale ; les collocations de sommes ; les subrogations ou transports ; les mainlevées d'inscriptions.

Pour l'exécution de ces dispositions, M. Decourdemanche a formulé un projet de loi suivant
lequel :

Les conservateurs actuels des hypothèques
prendraient le titre de conservateurs des hypothèques et de l'état-civil. (Art. 1er.)

Les actes ayant pour objet de constater ou
modifier l'état et la capacité des personnes, ou

la propriété des biens immeubles, n'auraient
d'effet et ne prendraient date que par leur inscription au bureau du conservateur des hypothèques et de l'état-civil du *lieu du domicile,* et
sous le nom de ceux qui auraient éprouvé des
modifications dans leur état et leur capacité, ou
consenti des aliénations ou affectations immobilières. (Art. 2.)

Des conservateurs spéciaux du cadastre seraient
chargés de suivre et constater sur les plans
et autres pièces cadastrales, les mutations survenues dans les propriétés immobilières. (Art. 3.)

Les actes qui constateraient ces mutations,
quoique inscrits sur les registres du conservateur des hypothèques, n'auraient d'effet que
par l'inscription qui en serait faite sur les
pièces cadastrales du lieu de la situation des
biens. (Art. 4.)

Les règles relatives au domicile sont tracées
par les articles 5, 6, 7, 8, 9, 10, 11, 12, 13,
14 et 15.

Nul ne pourrait figurer dans un acte authentique, s'il ne représentait un certificat de domicile. (Art. 8.)

L'officier public qui recevrait un acte sans

énoncer ce certificat serait passible d'une amende de 1,000 fr. (Art. 9.)

Les certificats de domicile seraient délivrés par les conservateurs des hypothèques et de l'état-civil. (Art. 10.)

Les actes de l'état-civil seraient rédigés sur des cahiers mensuels, et transmis au conservateur des hypothèques et de l'état-civil de l'arrondissement, lequel les déposerait au greffe, après les avoir inscrits ou fait inscrire sur les registres respectifs. (Art. 16 et 17.)

Les actes relatifs aux propriétés immobilières contiendraient l'indication des numéros du cadastre dans les communes cadastrées, à peine de 1000 fr. d'amende contre les officiers publics qui auraient reçu ces actes. (Art. 18.)

Les actes sous seings privés qui contiendraient des stipulations relatives à des immeubles, n'auraient d'effet qu'entre les parties contractantes, même après le décès des signataires. (Art. 19.)

Ils ne pourraient être présentés à l'enregistrement qu'après avoir été déposés devant notaire. (Art. 20.)

Tout acte ou paiement de capitaux donnant lieu à un droit d'hypothèque légale, ne pourrait être fait que dans la forme authentique, à peine de nullité. L'hypothèque qui en résulterait, ne prendrait rang, même au profit des mineurs ou interdits, que par la formalité de l'inscription. (Art. 21.)

Les femmes mariées ne pourraient contracter d'obligations, même mobilières, que par actes devant notaires. Les obligations sous seings privés, souscrites antérieurement à la loi, devraient être enregistrées dans le délai de six mois, à peine de nullité. (Art. 22.)

Les effets à ordre de toute espèce devraient énoncer le véritable domicile des signataires ou endosseurs, à peine de faux ; le défaut d'indication de domicile serait puni d'une amende de 1000 fr. contre les souscripteurs, ou contre les notaires si le billet était authentique. En cas de faillite, l'époque de l'ouverture ne pourrait être fixée en vertu de protêts d'effets négociables, non conformes à ces dispositions. (Art. 23.)

La nomenclature des différents actes à inscrire ou rendre publics est comprise dans les articles 24 et suivants, jusques et y compris l'article 88.

Le mode des inscriptions et leurs effets sont déterminés par les art. 89, 90, 91, 92, 93, 94, 95, 96, 97 et 98.

Les obligations imposées aux officiers publics ou ministériels relativement aux inscriptions qu'ils devraient faire ou requérir, sont tracées par les art. 99, 100, 101, 102, 103, 104, 105, 106, 114, 115, 116, 117, 118, 119 et 120.

Les actes soumis à l'inscription donneraient lieu, lors de l'enregistrement, à une perception d'un cinquième en sus du droit principal. (Art. 107.)

Les art. 108, 109, 110, 111, 112 et 113 sont relatifs à divers salaires et aux registres des conservateurs.

Au nombre des diverses manières de conférer volontairement hypothèque, se trouverait comprise celle qui accorderait à tout propriétaire la faculté de prendre hypothèque sur lui-même, pour un temps déterminé, qui ne pourrait excéder 10 années, par la voie de cédule hypothécaire. (Art. 121.)

La délivrance de ces cédules hypothécaires et leur assurance par des compagnies anonymes que le Gouvernement autoriserait à cet effet, font l'objet des art. 122, 123, 124, 125, 126 et 127.

Enfin, les droits réels de toute espèce devraient être inscrits dans le délai d'un an, sous le nom de ceux qui auraient reconnu ces droits, ou sous le nom des nouveaux possesseurs s'ils étaient propriétaires depuis plus de 10 ans. (Art. 128 et 129.)

Comme on le voit, M. Decourdemanche ne s'est occupé ni de l'expropriation forcée, ni de l'ordre à faire entre les créanciers inscrits. Cependant cela était nécessaire comme complément du système hypothécaire ; d'utiles et nombreuses réformes devant en effet être opérées, notamment au sujet de l'expropriation forcée.

En conséquence, tout en appréciant l'ouvrage qui vient d'être analysé ; en le continuant ou poursuivant jusqu'au remboursement d'une obligation et à l'affranchissement ou au paiement des hypothèques ou créances inscrites sur un immeuble aliéné, de même qu'en posant quelques exemples, l'on sera porté à changer, modifier ou supprimer quelques vues ou principes, ainsi que je vais m'en expliquer.

Il serait sans doute à désirer que toutes les formalités indiquées par M. Decourdemanche fussent exactement remplies et coordonnées entre elles ; mais son projet ne me paraît pas pouvoir être adopté sans modifications.

D'abord, ce qui me frappe le plus, c'est l'obligation imposée à tout individu, d'après l'article 8, de justifier d'un certificat de domicile pour contracter devant notaires. Cette mesure me paraît impraticable. En effet, il serait possible de remplir cette formalité à l'égard des personnes *qui demeureraient et feraient des actes au lieu où résiderait le conservateur de l'état-civil ; mais comment l'exiger des habitants des campagnes ?* Cette circonstance seule suffirait pour paralyser et même empêcher les nombreuses transactions qu'ils font entre eux. La mesure dont il s'agit serait vexatoire ; elle mettrait tous les citoyens dans un état de suspicion légitime entre eux, et ne manquerait pas de blesser la délicatesse ou la susceptibilité de tous. En m'expliquant ainsi, je n'entends cependant pas dire que l'on doive abandonner le système proposé, ou tout autre, pour établir la fixité du domicile ; je le regarde, au contraire, comme la base indispensable de la publicité réclamée et nécessaire. Mais, *en ce qui concerne les transactions volontaires,* je pense qu'il faut laisser subsister la législation actuelle, puisque, aux termes de l'article 11 de la loi du 25 ventose an XI, les notaires répondent du nom, de l'état et de la *demeure* des parties contractantes.

En second lieu, et par des motifs analogues, je n'adopte pas les dispositions de l'article 18, relativement à la mention des numéros du cadastre. Il doit dépendre des parties contractantes, selon le degré de confiance qu'elles s'accordent, d'exiger des formalités aussi minutieuses, et qui deviendraient onéreuses pour un grand nombre de transactions, à cause de leur peu d'importance. Je sais bien que la mesure proposée serait très essentielle pour que les conservateurs pussent facilement reconnaître la propriété grevée ou aliénée ; cela est même dans l'intérêt des parties : mais elles doivent être juges de cet intérêt, et il n'appartient qu'au temps et à l'expérience d'apporter une aussi grande perfection dans les affaires.

Je ne puis non plus adopter l'article 22, qui dispose d'une manière absolue qu'une femme mariée ne peut contracter d'obligations que par-devant notaires : cette disposition mettrait souvent des époux aisés et bien unis dans la nécessité de rendre publique chaque obligation qu'une gêne momentanée pourrait forcer à souscrire. Il suffirait d'avertir la femme qu'elle n'aura hypothèque que pour les dettes ayant acquis le caractère d'authenticité.

Quant à l'inscription des billets à ordre, elle donnerait un travail immense, le plus souvent sans aucun résultat utile. En effet, *combien de protéts sur des individus qui ne possèdent point d'immeubles? Et d'ailleurs, combien heureusement les faillites sont rares en comparaison du nombre des protéts qui a ordinairement lieu!* Le jugement seul portant déclaration de faillite devrait être inscrit; et pour faire cesser un abus scandaleux sur la manière arbitraire dont on fait souvent remonter l'ouverture de la faillite, il serait urgent de déclarer valables, ainsi que les inscriptions requises *ou à requérir* en conséquence, toutes obligations ou ventes faites sans fraude avant le jugement.

Relativement à l'inscription de tous les actes d'où il résulte une hypothèque légale : cette mesure surchargerait beaucoup et à grands frais les registres des conservateurs des hypothèques, sans un résultat satisfaisant. En effet, ce serait bien un élément pour la liquidation des droits des femmes, des mineurs et des interdits. Mais cette liquidation ne doit avoir lieu qu'à une époque incertaine, ordinairement éloignée ; une multitude de cas donnent lieu à des indemnités ou récompenses, surtout entre époux ; il y a lieu à expertise au sujet d'améliorations ou constructions sur un bien propre ; et, au surplus, des aliénations nombreuses et considérables, qui paraîtraient faites au détriment de la femme, se trouveraient souvent compensées et quelquefois au-delà, par l'acquittement de dettes ou charges personnelles à celle-ci. Je pense donc qu'il faudrait se contenter d'inscrire les actes de mariage et les nominations de tuteurs ou subrogés-tuteurs, ainsi que les créances formant les dots inaliénables du régime dotal, si cette coutume surannée était maintenue. Ce serait seulement en cas d'opposition au paiement du prix de l'immeuble d'un mari ou tuteur qu'il pourrait y avoir lieu à justification et liquidation des droits des femmes, mineurs ou interdits.

A l'égard du lieu où les inscriptions doivent être prises et conservées, je puis moins encore partager l'opinion de M. Decourdemanche ; et certes, ç'est bien ici le cas de dire : *à côté de l'avantage de déroger, se trouve le danger d'in-*

nover. En effet, la loi a été très sage en faisant une distinction entre la manière d'intenter une action personnelle et une action réelle ; car, en se contentant du simple billet d'un individu, ou de son obligation sans hypothèque, l'on se soumet à la bonne foi du débiteur et souvent aux hasards de la fortune ; mais il ne peut en être de même lorsque, pour sûreté de sa créance, un prêteur exige une hypothèque. Dans ce dernier cas, c'est moins à la probité ou à la solvabilité personnelle, qu'à la propriété, qu'on entend prêter ou avoir recours. Ainsi, il est de toute justice qu'un débiteur de mauvaise foi ne puisse paralyser ou éterniser les poursuites de ses créanciers par des changements successifs de domicile ; et, pour éviter cet inconvénient grave, il es t indispensable que tout ce qui grève un immeuble soit eonnu et que les poursuites relatives soient faites au lieu de la situation de l'immeuble. Au surplus, en donnant la fixité nécessaire au domicile par les mesures prescrites au projet, les conservateurs pourraient se transmettre réciproquement tous renseignements soit sous le rapport de l'état-civil et de la capacité des personnes, soit à l'égard de ce qui pourrait grever ou aliéner les immeubles.

Les dispositions de l'article 107 augmenteraient encore les droits actuels du fisc, qu'il serait si urgent de réduire. On pourrait, au contraire, et sans nuire aux intérêts du Trésor, *à cause de l'augmentation considérable des ins-criptions qui devraient être faites*, n'exiger que des salaires modérés en les graduant selon l'importance des affaires, et réduire même les droits d'enregistrement des quittances et actes de main-levées, afin de faciliter les radiations qu'il serait très essentiel d'effectuer à raison de la dispense du renouvellement, consacrée par l'article 96. Le timbre des registres, qui donne lieu à des comptes très minimes, insignifiants, devrait aussi être supprimé, et il conviendrait également de rendre facultative aux parties la reconnaissance du dépôt de pièces qu'on paie toujours et qui n'est presque jamais demandée.

Je pense aussi qu'il faudrait supprimer ce qui est relatif à l'hypothèque sur soi-même. Les obligations au porteur peuvent remplacer ce mode d'emprunt, et il suffit de continuer à en tolérer l'usage. Il faut, d'ailleurs, attendre du temps et de l'expérience les établissements particuliers de caisses et d'assurances hypothécaires, que l'on pourrait former avec beaucoup d'avantage, tant dans l'intérêt des capitalistes que dans celui de l'agriculture et de la propriété foncière.

L'égoïsme, l'apathie dominent malheureusement
encore en France ; mais il faut espérer que,
dans chaque centre de localités, d'honorables
citoyens, véritables philanthropes, amis sincères
et éclairés de leur pays, ne tarderont pas à
s'entendre, à adopter l'esprit d'association, et
que l'on verra se former, sur des bases raison-
nables, sages, des établissements d'assurances
de tous genres, qu'il serait si essentiel de favoriser pour hâter le bien-être de toutes les classes
de la société. Pour encourager et faire prospérer
des établissements aussi utiles, le Gouvernement,
loin de chercher à réduire au-dessous du taux
ordinaire les intérêts des capitaux qui lui sont
confiés, devrait, au contraire, offrir quelques
avantages. En effet, par une réduction d'intérêts,
le Gouvernement éloigne de lui les capitalistes ;
par une augmentation, au contraire, il se les
attache, il attire les capitaux de toutes les sociétés d'assurances ou caisses de prévoyance,
et leur permet de réaliser les nombreux et in-
calculables bienfaits qu'elles promettent. Et d'ailleurs, *qu'est-ce que quelques millions de plus
sur le milliard annuel !*

Enfin, en ce qui concerne la partie relative
au cadastre, il y aurait un travail important et
difficile à faire pour établir régulièrement la

matrice. En effet, il conviendrait que chaque immeuble fût exactement porté sous le nom du propriétaire réel; et comment s'assurer de la véracité des déclarations que devraient faire à cet égard les maris et les tuteurs, relativement aux biens compris sous leurs noms et qui appartiennent à leurs femmes, enfants ou pupilles? Il serait cependant très essentiel d'apporter la plus grande exactitude pour établir cette base préliminaire. Les mutations devraient se faire de concert avec les receveurs de l'enregistrement qui en ont tous les éléments nécessaires, et il conviendrait qu'elles fussent affirmées en personne par les propriétaires dépossédés, devant MM. les maires de leur domicile, afin de prévenir ou reconnaître les fausses aliénations par supposition de noms. Les employés du cadastre seraient attachés à l'administration de l'enregistrement, où ils formeraient une section particulière dans chaque division existante.

PROJET DE M. SÉVIN.

Le projet de M. Sévin diffère essentiellement de celui de M. Decourdemanche, en ce qu'il n'embrasse ni l'état-civil, ni la réunion du cadastre.

Mais, de même que M. Decourdemanche, M. Sévin voudrait que tous les actes translatifs de propriété ou de jouissance d'immeubles fussent transcrits au bureau des hypothèques, *et qu'inscriptions fussent prises pour toute créance faisant l'objet des hypothèques légales des femmes, des mineurs et des interdits.*

Malgré une extension aussi considérable de travail pour les conservateurs des hypothèques, M. Sévin n'en augmente pas le nombre. Cependant il est certain que, dans beaucoup d'arrondissements, les bureaux se trouveraient trop chargés. La division par canton ou arrondissement de justice de paix me paraîtrait rationnelle et très convenable. Toutefois, je reconnais qu'il existe des cantons qui sont presque sans importance : eh bien ! qu'on en diminue le nombre le plus possible, en ayant égard principalement aux distances dans chaque localité. *Pourquoi, d'ailleurs, les pays pauvres ou peu populeux n'auraient-ils pas, sous le rapport de l'administration générale, autant d'avantages que ceux qui sont riches ou populeux?*

D'un autre côté, M. Sévin émet le vœu que les notaires, avoués, greffiers, huissiers et receveurs de l'enregistrement soient chargés, sous leur responsabilité personnelle et chacun en ce qui pourrait le concerner, de faire faire les transcriptions et inscriptions aux bureaux des hypothèques. Je préférerais, au contraire , que ces formalités fussent remplies par une seule classe d'employés ou fonctionnaires : *par les receveurs de l'enregistrement ou conservateurs de l'état-civil, des droits de propriété et d'hypothèque.* Il faut donc examiner et apprécier chacun de ces deux modes d'exécution.

L'on ne saurait se le dissimuler, il s'agit d'un grand système de publicité des actes qui établissent, modifient ou changent l'état-civil ou la capacité des personnes, ainsi que de ceux qui grèvent ou aliènent les immeubles : *circonstances d'un intérêt général de premier ordre, puisque la sécurité des transactions en dépend !* Or, à quelle classe de fonctionnaires confiera-t-on un travail aussi important? Sera-ce à 2 ou 3,000 personnes, ou bien à 20 ou 30,000? La réponse ne me paraît pas douteuse. En effet, si vous voulez qu'une chose soit bien faite, chargez-en le plus petit nombre possible de personnes. C'est donc aux recèveurs et employés de l'enregistrement que je voudrais voir confiées les inscriptions relatives à l'état-civil, à la conservation des droits de propriété et d'hypothèque, avec droit de surveillance sur les fonctionnaires publics ou ministériels chargés de rédiger les conventions et demandes des parties, conformément aux règles et prescriptions indiquées par les lois.

Et d'ailleurs, les receveurs de l'enregistrement pourraient remplir avec facilité les importantes fonctions dont il s'agit, puisque, d'après les réglements de leur administration, chacun d'eux est obligé de tenir exactement, pour son arrondissement, des tables alphabétiques :

Des décès, tutelles, inventaires, déclarations de successions ;

Des contrats de mariages, testaments, partages ;

Des donations entre-vifs, ventes, échanges, baux, etc.

A cette nomenclature, il y aurait donc peu à ajouter pour établir la publicité de tous les actes dont la connaissance est nécessaire pour assurer la foi des transactions. La loi n'a réellement qu'une seule chose à prescrire pour parvenir à ce but : C'EST L'ENREGISTREMENT DE TOUS LES ACTES SUSCEPTIBLES D'ÊTRE OPPOSÉS AUX TIERS. Et, par leur nature, ainsi que par leur teneur, il sera facile de les soumettre à un ordre d'inscription et de classement qui en rendent la découverte prompte et certaine.

D'après tous ces motifs, je persiste à penser :

1° *Qu'il faudrait, autant que possible, établir au chef-lieu de chaque canton la conservation de l'état-civil, des droits de propriété et d'hypothèque;*

2° *Que chaque receveur de l'enregistrement devrait être chargé d'inscrire ou faire inscrire sur les registres et aux bureaux voulus par la loi, tous les actes dont la connaissance serait nécessaire pour la sécurité des transactions.*

Toutefois, il y aurait une précaution à prendre, ce serait d'exiger des receveurs de l'enregistrement un stage et des conditions d'admission, *un examen préalable*, comme cela se pratique pour les notaires.

Je poursuis l'examen du projet de M. Sévin.

Suivant l'article 4, l'inscription prise dans les dix jours qui précéderaient la déclaration de faillite ne conférerait pas hypothèque. Cependant, comme la faillite doit être assimilée à la déconfiture ; que l'inscription *ne crée pas un droit*, qu'elle tend seulement à assurer l'exécution d'un engagement préexistant ; et que, d'ailleurs, il faut créer le moins d'exceptions ou de nullités possibles, je persiste à penser qu'il conviendrait de déclarer valables toutes inscriptions prises en vertu d'actes ou jugements obtenus jusqu'à la veille inclusivement du jour de la déclaration de faillite.

L'art. 8 étant la reproduction littérale de l'article 2102 du Code civil, qui donne lieu à controverse relativement aux baux n'ayant pas date certaine, et d'après lequel un mobilier considérable pourrait être frauduleusement absorbé en vertu d'un bail enregistré, il faudrait réduire le privilége de celui-ci à deux années échues, indépendamment de celles restant à courir ; et pour l'autre cas, fixer le privilége à l'année courante et au temps de durée obligatoire, suivant les règles et dispositions du Code relatives aux conventions verbales.

Sur l'article 13, qui énonce les actes ou contrats à transcrire au bureau des hypothèques : d'abord, comme il serait très essentiel

qu'un acquéreur ou prêteur connût si la jouissance d'un immeuble n'aurait pas été cédée,
même temporairement, l'on devrait ajouter à cet
article, après le mot PARTAGE : *antichrèses, baux,
jugements ou actes quelconques, constatant des
mutations de propriété ou jouissance d'immeubles,
soit à titre onéreux, soit à titre gratuit, à l'exception cependant des baux dont la durée n'excéderait pas trois années, lesquels continueraient
à recevoir leur exécution conformément aux lois
actuellement en vigueur.* D'un autre côté, et
surtout à cause du grand nombre d'actes à
rendre publics, la transcription littérale des
actes ou jugements devrait être remplacée par
un extrait assez détaillé, qui serait fait ou
consigné sur un registre spécialement destiné à
cet effet.

La peine de nullité prononcée par l'article 14,
à défaut de transcription dans les 15 jours de
l'enregistrement du contrat, est exorbitante.
Elle doit être supprimée, sauf la responsabilité
du fonctionnaire ou de l'agent en défaut, envers
qui de droit.

D'après l'article 38, chaque immeuble soumis
à l'hypothèque devrait être désigné dans le
contrat. Si cette disposition n'était point impra

ticable, elle serait au moins d'une exécution difficile, *et dispendieuse pour le plus grand nombre des affaires, surtout quand il s'agirait de fonds ruraux d'une faible valeur.* En conséquence, et comme il serait très essentiel de favoriser les transactions dans la petite propriété, il conviendrait au contraire que l'hypothèque sur tous les immeubles situés dans un même arrondissement, avec la simple désignation du nom de l'arrondissement, fût la règle générale. *L'hypothèque avec désignation de chaque immeuble serait l'exception.*

Sur l'article 54, n° 4, relatif à l'inscription des actes constatant une obligation par une femme et son mari, ainsi qu'un paiement à celui-ci pour sa femme ou pour son pupille, je persiste dans les observations que j'ai déjà faites.

Suivant l'article 58, il faudrait une expédition de l'acte ou du jugement pour rayer une inscription : ce qui occasionnerait des frais trop considérables pour toutes les petites affaires. *Il conviendrait donc d'autoriser les radiations sur la remise des brevets d'actes ou de jugements, au moins pour les inscriptions au-dessous de 500 francs.*

L'article 68, qui permet à toute personne, *même au conservateur*, de faire sommation au créancier de renouveler son inscription après dix ans de date, à défaut de quoi elle serait rayée, doit être supprimé, parce qu'il pourrait donner lieu à fraude ou collusion entre particuliers, et à la fiscalité de la part des agents du Gouvernement. *Les inscriptions devraient durer aussi long-temps que les titres qui les auraient conférées, s'il n'y avait consentement ou jugement autorisant ou ordonnant la radiation.*

Enfin, comme M. Sévin : *Dans l'intérêt général, afin de prévenir les nombreuses simulations qui sont toujours préjudiciables aux parties contractantes, et sans inconvénients pour le fisc à cause de l'augmentation considérable d'actes à inscrire ou transcrire, je voudrais voir diminuer les tarifs des droits d'enregistrement et d'hypothèque.* A cet égard, j'ai fait des observations particulières et exposé mes idées que je joins au présent Traité, et auxquelles je renvoie pour la discussion et l'appréciation des motifs qui viennent à l'appui de l'opinion que j'ai émise sur ce sujet spécial.

DES LOIS SUR LE TAUX DE L'INTÉRÊT.

La loi qui régit le taux de l'intérêt est du 3 septembre 1807. Cet intérêt est fixé à 5 pour 100 en matière civile, et à 6 pour 100 en matière de commerce. Le prêteur convaincu d'avoir exigé un intérêt supérieur doit être condamné à restituer l'excédant, sans préjudice des poursuites correctionnelles qui peuvent être dirigées contre lui.

Il y a eu imprévoyance de la part du législateur en fixant le taux de l'intérêt d'une manière uniforme, parce que cet intérêt devait varier selon les temps, les lieux, l'importance des affaires, le plus ou moins de solvabilité des emprunteurs ; et, comme l'a très bien observé M. Sévin, il est absurde de prétendre établir *un inflexible niveau sur toutes les stipulations d'emprunt.*

Sans faire de proposition formelle à cet égard, M. Sévin émet donc encore le vœu que les articles 1er, 3 et 4 de la loi précitée soient abrogés, afin qu'il y ait toute liberté dans les stipulations d'intérêts. Quelque séduisant que paraisse être cet expédient pour remédier aux inconvénients de la loi susrappelée, je ne puis l'adopter, parce que ce serait donner à l'avidité de certains prêteurs *un moyen légal* de consommer la ruine d'une foule de petits propriétaires. D'un autre côté, l'intérêt légal doit être mis en rapport avec le revenu des propriétés foncières, avec les cours du temps ; et il n'est pas moins urgent de suivre à cet égard les changements ou mouvements survenus dans la valeur des immeubles, dans les affaires industrielles et commerciales. En conséquence, et d'après ces motifs, je pense que l'intérêt légal devrait être fixé à 4 pour 100 en matière civile, et à 5 pour 100 en matière de commerce ; qu'entre particuliers, l'intérêt pourrait être stipulé jusqu'à 6 pour 100, et qu'à l'égard des commerçants, l'intérêt ne pourrait être réputé usuraire s'il ne dépassait 8 pour 100 par an, y compris tous droits de commission, encaissement, changement de place, etc.

PROJET OU VUES DE L'AUTEUR DE CE TRAITÉ.

CONSIDÉRATIONS GÉNÉRALES.

La base du crédit, la sécurité des transactions réclament impérieusement la publicité de tous

les actes qui établissent ou constatent, modifient
ou changent l'état-civil ou la capacité des personnes, ainsi que ceux qui grèvent, transmettent
ou aliènent les immeubles ou droits immobiliers.
Ce principe posé, et d'après la discussion qui
précède, mes vues ou propositions sont déjà
énoncées ou peuvent être pressenties. Je vais
les rappeler et indiquer succinctement :

DE L'ÉTAT DES PERSONNES.

Lorsqu'une personne veut contracter, la première chose à examiner, c'est son état ou sa
capacité, qui varie selon son âge et sa position
dans la société. Ainsi, il faut connaître la date de
sa naissance; si elle est célibataire, mariée ou veuve;
si aucun acte ou jugement ne l'a pas privée de
ses droits civils en tout ou en partie. Pour arriver
à ce premier et important résultat, l'on doit donc
prescrire l'enregistrement ou l'inscription, sur
des registres publics, de tous les actes qui
établissent, modifient ou changent l'état-civil
et la capacité des personnes.

DES ACTES RELATIFS AUX IMMEUBLES.

L'authenticité et la publicité des contrats me
paraissent nécessaires, indispensables pour assurer

la foi des transactions. Ma position personnelle me détermine à ne pas m'occuper ici de l'authenticité : d'autres feront sans doute prévaloir ce grand et salutaire principe, qui devrait être introduit dans l'intérêt bien entendu des familles, de la société tout entière. Je me bornerai dès lors à réclamer l'enregistrement et l'inscription, sur des registres publics, de tous les actes contenant affectation, cession ou aliénation de propriété ou jouissance d'immeubles ou droits immobiliers.

DU CADASTRE.

La réunion ou le concours de l'enregistrement des actes et du cadastre ou des mutations de propriétés serait une innovation, une combinaison heureuse que je ne voudrais pas voir abandonner, malgré l'avis de M. Sévin, parce que, comme je l'ai déjà dit, cette mesure me paraît un moyen certain de prévenir ou de reconnaître les fausses aliénations par supposition de noms ; et que, d'ailleurs, elle aurait le grand avantage de constater chaque mutation de propriété presque au même instant qu'il y aurait changement de propriétaire. Mais, comme les opérations cadastrales sont loin d'être terminées, le conseil municipal de chaque commune non cadastrée devrait établir une matrice provisoire, d'après les instructions qui seraient données par l'administration supérieure, afin de constater et suivre exactement les mutations d'immeubles.

RÉVISION DU CODE CIVIL.

DU DOMICILE.

Dans l'état actuel de la législation, le domicile attributif de juridiction n'est point connu d'une manière certaine; il dépend de diverses circonstances plus ou moins faciles à reconnaître et à apprécier. Cette incertitude rend souvent les poursuites difficiles ou impossibles à diriger. Je voudrais donc que, *le domicile une fois fixé et établi d'après des règles uniformes,* aucun changement ne pût avoir lieu avant l'enregistrement ou l'inscription d'une déclaration spéciale à cet effet, et que jusque-là les poursuites fussent faites au dernier domicile légalement établi.

DES SUBSTITUTIONS.

Les substitutions ne sont plus dans nos mœurs : elles doivent être interdites d'après les motifs développés à la page 5.

DU RÉGIME DOTAL.

Par les mêmes raisons, le régime dotal doit être aboli. La séparation de biens et les différents modes de communauté autorisés par la loi peuvent suffire à toutes les exigences et à tous les besoins de la société. Ce qui me ferait surtout insister plus particulièrement sur la nécessité de supprimer le régime dotal, c'est la facilité avec laquelle une femme vient, au mépris de son engagement, réclamer et se faire adjuger le prix d'un immeuble qu'elle avait précédemment vendu ou hypothéqué volontairement à un tiers de bonne foi. On pourra objecter que l'on doit se faire représenter le contrat de mariage : mais si la femme déclare s'être mariée sans contrat ou affirme avoir adopté le régime de la communauté, n'est-il pas souverainement injuste qu'un acquéreur ou prêteur soit ainsi victime de sa confiance, de cette espèce de guet-apens! Ce scandale ne s'est déjà que trop produit, renouvelé, ainsi que l'attestent d'assez nombreuses décisions judiciaires, et il serait temps de le faire cesser, d'en prévenir le retour.

DE LA VENTE A RÉMÉRÉ.

La vente à réméré offre aux usuriers un

moyen détourné tendant à faire des dupes, et à consommer la ruine d'un grand nombre de petits propriétaires. D'un autre côté, un pareil acte n'opère qu'une transmission éventuelle, de nature à embarrasser le système hypothécaire. Il conviendrait donc d'abolir cette espèce de transmission bâtarde ou provisoire, qui présente beaucoup plus d'inconvénients que d'avantages.

DES PRIVILÉGES ET HYPOTHÈQUES.

Privilége du Bailleur.

Pour prévenir les fraudes qui pourraient se pratiquer de concert entre un propriétaire et un locataire ou fermier, le privilége du premier devrait être limité :

S'il y avait bail enregistré et inscrit, à deux années échues, indépendamment de l'année courante et de celles restant à courir ;

Dans le cas contraire, à l'année courante et à celles qui resteraient à courir, d'après la loi, sur les conventions verbales.

J'ajouterais l'annulation, à l'égard des tiers non avertis, des paiements de loyers ou fermages excédant deux années postérieures à une convention faite de bonne foi.

Le privilége qui me [paraît mériter le plus de faveur est celui du vendeur sur la chose qu'il a cédée ou aliénée. Cependant, d'après les dispositions de l'article 2105, n° 1ᵉʳ, du Code civil, un mémoire d'apothicaire peut absorber la valeur d'un immeuble dont le prix n'aurait pas été payé ! Cet abus, qui s'est déjà révélé, accuse l'imprévoyance de la loi, et, pour le faire cesser, je propose de n'accorder qu'en second ordre le privilége des créances énoncées en l'article 2101. Ces créances étant d'ailleurs plus particulièrement applicables aux meubles qu'aux immeubles, ne doivent même pas préjudicier à d'autres droits antérieurement acquis à 'des tiers.

Quels biens doivent être grevés par les hypothèques légales des femmes mariées? A cet égard la législation actuelle présente et consacre une véritable anomalie. En effet, d'abord l'article 1421 du Code civil porte que le mari administre seul les biens de la communauté; qu'il peut les vendre, aliéner et hypothéquer sans le concours de sa femme. D'une autre part, suivant l'article 2122 du même Code, l'hypothèque légale peut être exercée sur tous les immeubles appartenant au débiteur et sur ceux qui pourront lui appartenir dans la suite, ce qui établit une restriction telle du principe posé par l'article 1421, que tout acquéreur ou prêteur doit exiger le *concours de la femme, même à l'égard des acquêts de communauté,* s'il veut se garantir des effets de l'hypothèque légale. D'un autre côté, aux termes de l'article 551 du Code de commerce, la femme du commerçant en faillite n'a hypothèque légale que sur les immeubles qui appartenaient à son mari au jour du mariage : *c'est-à-dire, à une époque où ordinairement celui-ci ne possède aucun immeuble.* Et pourquoi une telle restriction? Sans doute il convient de faciliter le commerce, de favoriser son développement; mais il faut remarquer aussi que l'industrie a fait de grands progrès en France; *que beaucoup d'individus s'y associent journellement;* et que dès lors la loi doit ici être uniforme pour tous, attendu qu'aucune différence ne peut réellement exister entre la faillite et la déconfiture : l'un et l'autre cas devant être régis par les mêmes principes. Au surplus, les garanties de la dot ou de l'avoir de la femme doivent naturellement et seulement porter sur les biens de famille : *ceux acquis pendant le mariage étant le fruit du travail, de l'industrie, de l'association, et devant conséquemment être le gage commun de tous les créanciers, sans autre distinction ni préférence que celles établies et reconnues par la loi.*

D'après ces considérations, je pense que les hypothèques légales des femmes mariées doivent grever les immeubles appartenant à leurs maris à l'époque du mariage, ainsi que ceux qui leur échoient par successions, donations ou legs; que les acquêts de communauté doivent en être affranchis; et qu'il ne doit y avoir aucune distinction ni restriction à l'égard des femmes de commerçants.

Pour ne pas trop compliquer le système hypothécaire, ni l'entraver sans motifs légitimes, l'on ne devrait pas conserver d'hypothèques légales sur les comptables de deniers publics, sauf à demander un supplément de cautionnement, soit en numéraire, soit en immeubles, si cela était jugé nécessaire. N'est-il pas d'ailleurs bien extraordinaire que les comptables qui achètent des immeubles, et qui, par conséquent, augmentent les garanties qu'on a cru devoir exiger d'eux, se trouvent dans une position plus défavorable que ceux qui n'augmentent pas leur avoir, ou qui le conservent en porte-feuille avec facilité de le soustraire à une mauvaise gestion?

Il doit en être de même à l'égard des repris

de justice, sauf à poursuivre l'annulation des actes faits en fraude après le mandat d'amener ou de comparution.

Hypothèque conventionnelle.

Pouvoir sous seing privé.

D'après l'article 2127 du Code civil, l'hypothèque conventionnelle ne peut être consentie que par acte authentique. QUID, *si elle est conférée en vertu d'un pouvoir sous seing privé?* A cet égard, les auteurs et la jurisprudence ne sont point d'accord. Et, pour faire cesser cette controverse fâcheuse, je pense qu'il faudrait ajouter à la loi que le pouvoir doit être authentique. Autrement, en effet, la base de l'authenticité manquerait, et ce n'est qu'à l'aide de raisonnements plus ou moins spécieux qu'on pourrait faire prévaloir le système contraire, puisqu'il suffirait *d'une simple dénégation de la signature apposée au bas de la procuration pour faire suspendre les poursuites commencées en exécution de l'obligation notariée.*

Désignation des biens.

Il semblerait résulter de l'article 2129 que chacun des immeubles hypothéqués doit être désigné, ce qui occasionnerait des difficultés, et beaucoup trop de frais pour les fonds ruraux de peu de valeur. La désignation de l'arrondissement hypothécaire doit suffire; personne ne pourrait être induit à erreur; et cela favorisefait la petite propriété qui a grand besoin de protection, d'être ménagée, surtout en fait de répartition d'impôts.

L'article 2130 est bon à conserver, parce qu'il répond à l'hypothèque judiciaire, en évitant les poursuites et les frais d'un jugement. Mais, pour prévenir la fraude, il faut que l'inscription requise au moment du contrat suffise pour grever à cette première date les biens à venir, parce que si le créancier était obligé de prendre une nouvelle inscription lors de chaque acquisition, le débiteur pourrait rendre *son premier engagement illusoire,* en donnant hypothèque aussitôt l'acquisition et faisant inscrire de suite.

Biens présents et à venir.

Inscription.

D'un autre côté, il faut décider que des biens à venir *seuls* ne pourront être hypothéqués, afin de ne pas trop compliquer le système hypothécaire.

Biens à venir.

Hypothèque.

Suivant l'article 2135, la femme n'a hypothèque, pour raison de sa dot et des conventions matrimoniales, qu'à compter du jour du mariage. Mais cette hypothèque doit remonter au jour du contrat, attendu que cet acte est le *titre constitutif des créances,* et que, d'ailleurs,

Dot et conventions matrimoniales.

Hypothèque.

il contient souvent quittance de la dot. Il résulte du système contraire que, dans l'inter-
valle du contrat au jour du mariage, le mari
peut, par un acte simulé, éluder l'hypothèque
légale ou la rendre illusoire et sans effet.

Faillite.
Inscription.
Nullité.

Les inscriptions n'étant qu'un moyen imaginé
pour assurer l'exécution d'un *contrat préexistant,*
elles doivent suivre le sort de ce contrat, à
quelque époque qu'elles aient été prises. La
nullité prononcée par l'article 2146, en cas
de faillite ou de déconfiture du débiteur, est
donc injuste, contraire à l'équité, et le législateur doit s'empresser de réformer la loi à cet
égard.

Inscription.
Durée.
Renouvellement.

Par le motif qui vient d'être énoncé, les inscriptions doivent durer autant de temps que
le titre qui les a conférées. Et d'ailleurs, l'o-
mission très possible de la formalité du renouvellement tous les dix ans, prescrite par l'article 2154, compromet journellement les droits
les plus légitimes que l'on doit cesser de sacri-
fier à un misérable intérêt fiscal.

Radiations.

D'un autre côté, pour faciliter les radiations
et ne pas les rendre trop onéreuses, elles devraient être effectuées sur la représentation des

brevets d'actes ou jugements, au moins pour les inscriptions au-dessous de 500 francs.

Le délaissement par hypothèque ne doit plus avoir lieu avec les formalités prescrites par l'article 2174, car, dans beaucoup de circonstances, les frais absorberaient l'immeuble. S'il y a délaissement, les poursuites sont faites ou continuées contre l'ancien propriétaire seulement; et, au cas contraire, l'expropriation forcée est poursuivie simultanément contre l'ancien et contre le nouveau possesseurs.

Biens hypothéqués.

Délaissement.

En cas d'expropriation, elle aurait lieu soit par-devant le tribunal, soit par-devant notaire, au choix du poursuivant. Il pourrait être légalement dérogé aux formes ordinaires par l'acte obligatoire. De nouvelles dispositions législatives devraient même attribuer aux juges de paix et aux notaires de cantons les liquidations, comptes, partages et licitations ou ventes d'immeubles de peu d'importance. L'impôt foncier pourrait servir de base à l'effet de déterminer et fixer la compétence.

Expropriation forcée.

Dans le cas d'incendie d'un immeuble assuré et hypothéqué, à qui l'indemnité doit-elle appartenir ?

Incendie.

Indemnité.

La jurisprudence avait d'abord été favorable aux créanciers inscrits, en considérant l'indemnité comme représentant le prix ou la valeur de l'immeuble; mais elle a changé, et maintenant elle tend à se prononcer pour le mode de la distribution par contribution, c'est-à-dire la répartition au marc le franc entre tous les créanciers privilégiés, hypothécaires et chirographaires, sans aucune préférence ni distinction entre eux. L'un et l'autre modes ne me paraissent pas devoir être sanctionnés d'une manière absolue par le législateur. Je pense en effet que, suivant l'équité, l'indemnité devrait être employée à rétablir les lieux dans leur état primitif; puis ensuite, ou à défaut de cet emploi, appartenir aux créanciers inscrits selon le rang que la loi leur assigne; et enfin, par contribution, aux créanciers chirographaires : ces derniers ne pouvant avoir de droits sur un immeuble, *ou sur la valeur qui le représente,* qu'après les créanciers privilégiés ou hypothécaires auxquels la loi accorde une juste préférence.

DE LA PRESCRIPTION.

Prescription
par 10 et 20 ans.

La prescription par dix et vingt ans, prévue par les articles 2265, 2266, 2267, 2268 et

2269 du Code civil, doit être supprimée, parce qu'elle dérange l'économie du système hypothécaire, et que, d'ailleurs, elle sort du droit commun, sans nécessité. Pendant 30 ans rien ne doit altérer, vis-à-vis des tiers, le principe de l'hypothèque et de l'inscription destinée à en assurer l'efficacité.

D'un autre côté, ce laps de 30 ans est suffisant pour l'exercice ou la réclamation de tous les droits, et le mariage ou la minorité ne doivent pas suspendre ou prolonger cette prescription, *à l'égard des tiers,* surtout s'il y a titre régulier en la forme et possession suffisante. Autrement, l'acquéreur ou le prêteur ne saurait jamais à quelle époque remonter pour la demande et vérification des titres de propriété. En effet, un mari pourrait vendre, comme lui appartenant en propre, un immeuble de sa femme, et, aux termes des articles 2252 et 2256, n° 2, du Code civil, la prescription pourrait être *indéfiniment suspendue* par *le mariage* et *par des minorités successives.* Un bon système hypothécaire réclame donc encore, à l'égard des immeubles et vis-à-vis des tiers, la suppression des causes suspensives de la prescription de 30 *ans,* s'il y a *possession* et *titre régulier.*

CODE DE COMMERCE.

DES FAILLITES ET BANQUEROUTES.

Ouverture de la Faillite.

Pour prévenir l'arbitraire , ainsi que les nombreux abus qui ont été faits de l'article 441 du Code de commerce, l'ouverture de la faillite, quant aux actes constitutifs d'hypothèques ou translatifs de propriété ou usufruit d'immeubles , ne doit dater que du jour du jugement qui l'a déclarée, sauf toutes poursuites contre les actes frauduleux.

Hypothèque légale de la Femme.

D'un autre côté , pour être juste envers les femmes de commerçants, et d'après les motifs énoncés aux pages 59 et 60, l'hypothèque légale doit s'étendre sur les immeubles provenant au failli de *successions, donations* ou *legs*.

RÉVISION DU CODE DE PROCÉDURE.

DE LA SAISIE IMMOBILIÈRE.

Les formalités relatives aux copies à laisser aux maires et greffiers, à la transcription au greffe du tribunal, à l'insertion au tableau exposé dans l'auditoire, à la notification du placard aux créanciers inscrits, à la publication du cahier des charges et à l'adjudication préparatoire, doivent être supprimées comme étant inutiles, faisant double emploi, et multipliant mal-à-propos les frais, qui seront toujours assez considérables.

DES SURENCHÈRES ET DE L'ORDRE.

Autant pour simplifier les formalités, que pour éviter des frais inutiles, onéreux et frustratoires, il ne doit y avoir, à l'égard de tous actes translatifs de propriété ou usufruit d'immeubles, qu'un mode uniforme pour les notifications aux créanciers inscrits, les surenchères à former, et pour l'ordre ou la distribution du prix.

Dans le cas où les sommes à distribuer ne s'élèveraient pas à 3,000 francs en principal, l'ordre devrait se faire par un juge ou par un notaire commis par le président du tribunal. Avant toute notification ou signification, les créanciers seraient, par de simples lettres remises ou adressées aux domiciles élus, invités à produire leurs titres ou à surenchérir volontairement. Le procès-verbal de distribution serait notifié aux créanciers absents ou non consentants, qui auraient quarante jours pour surenchérir ou pour contester. Il ne serait délivré qu'une seule grosse du procès-verbal de distribution. Cette grosse serait remise à un mandataire choisi ou constitué pour en suivre gratuitement l'exécution et rendre compte à qui il appartiendrait. L'on pourrait aussi ordonner la consignation des sommes distribuées, entre les mains du commissaire, lorsque le délai pour surenchérir et contester serait expiré; puis ensuite convoquer tous ayants droit pour venir recevoir et donner quittances avec mainlevée des inscriptions.

Les exploits de notifications ne devraient être sujets qu'à un seul droit fixe d'enregistrement, quel que fût le nombre des créanciers ou requérants, attendu que *tous sont de véritables co-intéressés*.

En cas de ventes partielles, tout créancier pourrait faire suspendre la distribution du prix, en provoquant et suivant la vente des autres biens du débiteur, pour ensuite être procédé à un seul ordre.

S'il y avait concours d'hypothèques générales avec des hypothèques spéciales, les collocations seraient faites de manière à remplir les spéciales par ordre de date.

Dans le cas où il ne pourrait être laissé un capital suffisant pour assurer le service d'une rente viagère, l'acquéreur n'en paierait pas moins la rente due, aux termes stipulés dans le contrat, sauf toutes imputations de droit, jusqu'au solde de son prix en principal et intérêts.

Il ne devrait pas y avoir plusieurs collocations pour la même créance, sauf au créancier à demander consignation ou supplément de sûretés, si le paiement ne pouvait être exigé de suite.

Enfin, tout ordre devrait être réglé et arrêté au jour à compter duquel l'acquéreur serait te u de payer les intérêts qui courraient au profit de chaque créancier colloqué jusqu'à paieme t ou consignation. Les intérêts réservés par l'article 2151 du Code civil devraient donc êt e pris sur le principal des sommes à distribue , et les créanciers pourraient, sans inconvénient ni perte pour eux, donner au débiteur tout le temps nécessaire pour effectuer avantageusement les ventes par lots ou en détail, au grand bénéfice de tous.

DE L'APPOSITION DES SCELLÉS ET DE L'INVENTAIRE.

La législation actuelle ne prescrit aucune mesure conservatoire pour les successions échues à des légataires ou auxquelles seraient appelés des absents écartés en vertu de l'article 136 du Code civil. Cependant un testament pourrait être annulé et un absent reparaître. Dans ce cas, comment, après un certain laps de temps, établir la consistance d'une succession dont on se serait emparé sans aucune formalité? Pour prévenir cet inconvénient grave il faudrait donc prescrire, pour les cas dont il s'agit, l'apposition des scellés et un inventaire régulier, afin de conserver les droits éventuels de qui il appartiendrait.

DE LA VENTE DES IMMEUBLES.

Par les motifs énoncés pour la saisie immobilière, pages 68 et 69, l'adjudication qui doit avoir lieu aux termes de l'article 960 du Code de procédure sera définitive : l'adjudication préparatoire devant être supprimée comme étant inutile et induisant d'ailleurs à erreur beaucoup de personnes qui ignorent la procédure particulière prescrite par le Code.

DISPOSITIONS TRANSITOIRES.

La loi à intervenir doit prescrire la publicité des actes et hypothèques antérieurs : autrement les évictions, même pour les transactions nouvelles, seraient encore à craindre pendant un laps de temps considérable. Un délai de six mois me paraît suffisant. Toutefois, pour éviter un travail immense, ainsi que pour épargner des frais qui seraient onéreux pour un très grand nombre d'affaires peu importantes, il doit être fait exception à l'égard des actes translatifs de propriété ou usufruit d'immeubles qui, avant la promulgation de la loi nouvelle, auraient été enregistrés, et dont la mutation sur les rôles de la contribution foncière aurait été faite aux noms des nouveaux possesseurs.

Au surplus, pour faciliter les inscriptions dont il s'agit, il ne serait perçu aucun droit proportionnel par le conservateur, quelles que fussent la date et la nature des actes ou hypothèques à faire connaître ou rendre publics.

MODE A SUIVRE POUR METTRE A EXÉCUTION

LE PROJET DONT IL S'AGIT.

Maintenant il s'agirait d'indiquer les meilleurs moyens, la marche la plus certaine à suivre pour assurer la publicité des actes et hypothèques.

Sans doute il serait à désirer que le projet de M. Decourdemanche fût suivi et exécuté dans toutes ses parties avec la ponctualité et sous les peines qu'il indique; mais, comme je m'en suis déjà expliqué, ce serait exiger une perfection par trop gênante, et qui deviendrait onéreuse pour un très grand nombre d'affaires. Je suis persuadé, d'ailleurs, qu'un seul conservateur de l'état-civil et des hypothèques par arrondissement ne pourrait suffire, à raison de la quantité prodigieuse d'actes à inscrire et à communiquer ou rendre publics. Je serais donc d'avis que le projet dont il s'agit fût divisé en trois parties distinctes, savoir :

1° La conservation de l'état-civil;

2° La conservation des droits de propriété
et d'hypothèque ;

3° La conservation du cadastre.

D'après la discussion qui précède, et suivant ma manière de voir, les personnes qui se connaîtraient et n'auraient aucune méfiance entre elles, pourraient faire leurs actes sans produire ni demander de certificats ; et celles qui voudraient ne courir aucune chance exigeraient toutes justifications nécessaires et réclameraient des certificats des différents conservateurs. En cas d'inexactitude ou d'omission dans les certificats, la partie lésée serait indemnisée par le fonctionnaire public en défaut, sauf son recours contre la personne qui aurait indûment reçu un paiement quelconque.

La distance qui existe entre les différentes communes des cantons ruraux et le chef-lieu d'arrondissement où se trouve la conservation des hypothèques, est souvent un obstacle à ce que les parties fassent inscrire ou transcrire leurs actes, et demandent les certificats nécessaires à leur tranquillité.

Dans l'intérêt général, il conviendrait donc d'établir au chef-lieu de chaque canton, *quelle que fût son importance*, un receveur de l'enregistrement qui serait en même temps conservateur de l'état-civil, des droits de propriété et d'hypothèque, et un conservateur du cadastre. *Ce serait même le seul moyen de rendre la loi exécutable pour toutes les affaires : car, s'il n'y avait qu'un seul conservateur par arrondissement, la formalité de la transcription,* QUI EXIGERAIT UNE EXPÉDITION DE L'ACTE, *deviendrait trop coûteuse pour beaucoup d'affaires peu importantes ; cette formalité ne serait point remplie ; de nombreuses évictions auraient lieu ; et le but de la loi serait manqué.*

Mais à l'égard des villes où il existe plusieurs arrondissements de justices de paix, il serait bon de conserver les divisions actuelles, en réunissant, *dans un même local,* tous les bureaux d'enregistrement, la conservation de l'état-civil, celle des droits de propriété et d'hypothèque, et la conservation du cadastre, afin que les différents conservateurs eussent à leur disposition tous les registres et actes pour faire les inscriptions, mentions ou mutations nécessaires, ainsi que les extraits à délivrer aux requérants

et à adresser aux conservateurs du domicile
des parties ou de la situation des immeubles.

Tous les éléments d'une publicité complète
des actes et transactions existent d'ailleurs aux
différents bureaux d'enregistrement, *notamment,
dans chacun, pour toute mutation d'immeubles
situés dans son arrondissement;* et avec une lé-
gère augmentation de travail pour les receveurs,
il serait facile de réaliser le projet dont il s'agit.
En effet, il y aurait peu à ajouter aux extraits
que les receveurs consignent en général avec
précision et exactitude sur leurs registres, et
les bordereaux d'inscriptions, ainsi que les transcriptions ou copies d'actes, ne seraient plus nécessaires. Les seuls registres déjà existants
remplaceraient ces liasses et volumes considérables d'extraits ou de copies qui deviendraient
inutiles. Les différents actes qu'il est essentiel
de connaître sont relevés sur des tables alphabétiques ; ces tables seraient continuées pour
les personnes non mariées, ou ne possédant
point d'immeubles ; et à l'égard des autres, elles
seraient remplacées par des comptes-ouverts
sur des registres ou sur des feuilles séparées
et rangées par ordre alphabétique, sous le nom
des individus mariés ou grevés, où l'on trouverait pour chacun : 1° *les actes relatifs à*

l'état-civil; 2° les actes translatifs de propriété ou jouissance d'immeubles ou droits immobiliers; 3° les hypothèques ou créances inscrites. Ces comptes seraient d'ailleurs très utiles et éviteraient de longues recherches aux receveurs ou employés de l'enregistrement, pour s'assurer de la sincérité des déclarations qui sont faites après décès ou dans les actes de mutations de propriétés. Ils comprendraient ou remplaceraient, en effet : *le sommier de la contribution foncière, qui existe* POUR CHAQUE COMMUNE *et* PAR COTE INDIVIDUELLE ; *le répertoire des formalités hypothécaires ; ainsi que les tables des naissances, mariages, contrats de mariages, baux, vendeurs, acquéreurs, testaments, décès, tutelles, émancipations, inventaires, déclarations de successions, renonciations, partages.*

Voici, au surplus, comment on pourrait mettre ce projet à exécution :

Aussitôt que la loi serait rendue, chaque receveur de canton prendrait le titre de : *receveur de l'enregistrement et conservateur de l'état-civil, des droits de propriété et d'hypothèque ;* il ouvrirait à toute personne inscrite aux rôles de la contribution foncière, un compte conforme au modèle ci-joint et qui serait fourni par l'administration ; dans la première partie de ce compte, il énoncerait, autant que possible, le lieu et la date de naissance de l'individu, l'époque de son mariage, le nom de son époux ; et pour mettre au courant les 2me et 3me parties du compte, il prendrait le relevé des actes transcrits ou inscrits au bureau des hypothèques. Même travail serait fait par les conservateurs actuels, chacun pour l'arrondissement qui lui resterait, d'après les dispositions réglementaires de l'administration. A Paris et dans les villes où le travail paraîtrait trop considérable, la conservation de l'état-civil serait séparée et confiée à un employé spécial, mais toujours réunie dans le même local que les bureaux d'enregistrement et conservations des hypothèques et du cadastre.

Les actes de l'état-civil, notamment ceux de naissances, mariages et décès, devraient être présentés au conservateur, dans la quinzaine de leur date, pour en faire l'inscription sur ses tables, registres ou comptes-ouverts, ou les envoyer par extraits aux conservateurs respectifs qui devraient les inscrire, d'après les ordres et suivant les prescriptions de l'administration.

Au fur et à mesure des mariages, ou lors

d'une mutation d'immeubles au profit d'une personne non encore imposée aux rôles fonciers du canton, il devrait être ouvert un compte particulier qui serait de suite inscrit ou rangé à son ordre alphabétique. En cas d'ouverture d'un compte au lieu de la situation des immeubles pour un individu non domicilié dans le canton, le conservateur des hypothèques en préviendrait le conservateur de l'état-civil du domicile, afin que celui-ci lui transmît copie de la première partie du compte-ouvert, et qu'il le mît exactement au courant des changements qui pourraient avoir lieu. De cette manière on connaîtrait, au lieu de la situation des immeubles, l'état et la capacité de chaque propriétaire, ainsi que ce qui grèverait les biens de chaque localité ou arrondissement hypothécaire.

Tous les actes concernant plusieurs personnes et portant transmission de propriété ou usufruit d'immeubles, devraient énoncer à quel titre et pour quelle portion chaque aliénateur ou acquéreur était ou serait propriétaire des biens vendus ou cédés; et ceux qui devraient être inscrits dans d'autres bureaux que celui de l'enregistrement, soit sous le rapport de l'état-civil, soit à cause des mutations de propriétés, énon-

ceraient la commune, le canton et le département
du domicile des parties, ou de la situation des
immeubles. Le tout à peine d'amende et de
dommages-intérêts s'il y avait lieu.

L'inscription des actes et la mutation sur la
matrice cadastrale étant obligées, elles se feraient
en même temps que l'enregistrement par les
conservateurs respectifs, pour ce qui concerne-
rait leurs arrondissements particuliers. A l'égard
des inscriptions et mutations à requérir ou
opérer dans d'autres cantons, elles seraient faites
à la diligence desdits conservateurs qui, à cet
effet, transmettraient de suite à leurs confrères
les actes ou extraits nécessaires : lesquels actes
ou extraits seraient renvoyés revêtus de la mention des inscriptions et mutations pour être
remis aux fonctionnaires publics qui auraient
reçu les actes ou requis la formalité. Les différents conservateurs jouiraient de toute franchise
à la poste. Les salaires relatifs aux inscriptions
et mutations seraient payés avec les droits d'enregistrement, et les receveurs en compteraient,
chaque trimestre, aux conservateurs respectifs.
De cette manière, les notaires, avoués, greffiers
et autres fonctionnaires publics ou officiers ministériels ne seraient donc point chargés de faire
inscrire leurs différents actes : ce soin serait

6

confié à des employés de l'enregistrement *spé-*
cialement établis pour la conservation de l'état-
civil, des droits de propriété, des hypothèques et
du cadastre. Voilà le moyen le plus certain
d'assurer l'exécution du projet en question ; car,
dans le grand nombre de notaires, avoués, greffiers et huissiers qui existe, et lors même que
la loi prononcerait les peines les plus sévères,
combien il y en aurait qui négligeraient de remplir leurs devoirs à cet égard, soit par oubli,
soit par ignorance, soit par mauvaise volonté !

Les droits de propriété, les priviléges et les
hypothèques se conserveraient au bureau de la
situation des immeubles, par des inscriptions à
faire lors de l'enregistrement des actes qui les
constituent, établissent ou confèrent.

Et les actes et hypothèques, ainsi que toutes
cessions ou subrogations relatives, ne pourraient
être opposés aux tiers, s'ils n'avaient été préalablement enregistrés et inscrits conformément
à la loi.

Mais avant de mettre le projet dont il
s'agit à exécution, il serait à désirer que les
circonscriptions territoriales par communes,
cantons, arrondissements et départements, fus-

sent revues, rectifiées où il y aurait lieu, et définitivement formées dans l'intérêt général du pays et pour sa meilleure administration. Il est, en effet, certaines localités où les limites ou circonscriptions sont dérisoires, absurdes, et je je vais en citer un exemple sur le grand nombre qui existe : *Les villages de Corpeau, Chassagne, Saint-Aubin et Santenay ne sont qu'à 1/4, 1/2 et 3/4 de lieue de Chagny, chef-lieu de canton du département de Saône-et-Loire, et cependant ils dépendent du canton de Nolay, département de la Côte-d'Or, d'où ils sont éloignés* D'UNE A DEUX LIEUES. *Les communications et rapports de ces mêmes villages sont faciles et fréquents avec Chagny, et c'est tout le contraire à l'égard de Nolay, qui en est séparé par des montagnes considérables. Tôt ou tard de nouvelles délimitations auront lieu; elles sont impérieusement commandées dans l'intérêt de l'administration et d'un grand nombre de communes, ainsi que MM. les employés du cadastre ont pu le remarquer par l'inspection des lieux; et il conviendrait que les rectifications fussent faites avant d'introduire un changement notable dans le système hypothécaire, afin que chaque canton ou arrondissement fût fixé de la manière la plus convenable, la plus avantageuse aux populations, pour ne plus éprouver de changement, de variation. Ce travail*

*important pourrait d'ailleurs se faire facilement
et assez promptement avec le concours des pré-
fets, sous-préfets et conseillers municipaux, d'a-
près les bases et considérations énoncées dans les
observations particulières que j'ai faites à cet égard,
et qui sont rapportées à la fin du présent Traité.*

RÉSUMÉ.

De la discussion et des propositions qui précèdent, il résulte :

1° *Qu'en adoptant le projet de M. Decourdemanche, l'on exigerait des formalités minutieuses
et trop multipliées : ce qui pourrait rendre la loi
onéreuse et même impraticable pour un grand
nombre d'affaires ;*

2° *Qu'en suivant le projet de M. Sévin, l'on
n'obtiendrait, au contraire, qu'une loi imparfaite,
insuffisante pour assurer la foi des transactions ;*

3° *Enfin, que les vues et propositions de l'auteur
de ce Traité tiendraient le milieu entre une loi
trop minutieuse, trop difficile à exécuter (sans
toutefois exclure les précautions nécessaires à l'entière sécurité des transactions, par des dispositions*

*ou prescriptions administratives ou réglementaires),
et une loi qui laisserait trop à désirer en ne
s'occupant ni de l'état-civil des personnes, ni du
cadastre ou des matrices et mutations de la contribution foncière.*

CONCLUSION.

Dans ces circonstances, il ne m'appartient pas
de juger lequel des trois projets serait préférable
dans l'état actuel des mœurs du pays : j'ai discuté consciencieusement d'après l'expérience que
j'ai acquise dans les affaires ; et il ne me reste
plus qu'un vœu à former : *C'est celui de voir
d'habiles jurisconsultes s'occuper sérieusement de
l'objet dont il s'agit, et de provoquer ou proposer
à cet égard, le plus tôt possible, une loi que je
considère comme très utile, indispensable à la
sécurité des familles, principalement à la classe
nombreuse des propriétaires d'immeubles et à
celle des capitalistes qu'il serait si essentiel de
lier d'intérêt entre elles, afin qu'elles pussent
réciproquement se rendre les services qu'elles ont
droit d'attendre l'une de l'autre.*

N° 1er.

Abaleste, Pierre-Nicolas,

Boulanger, Marchand de vins,
domicilié à *Beaune*, *Paris*, Beaune.

Possède des immeubles dans les communes de :

BEAUNE, pour un revenu de..	200 f.,	400 f.,	600 f.
POMMARD,	id.	100	200	400
VOLNAY,	id.	700	500	300

INSCRIPTIONS DES ACTES RELATIFS A L'ÉTAT-CIVIL.

Né à Beaune, Côte-d'Or, le 21 mai 1793, du mariage légitime de Jean Abaleste et de Françoise Maître.
Émancipé le 2 septembre 1811. Jean Bon, propriétaire à Beaune, curateur.
Entré au service militaire le 18 janvier 1813.
Congé définitif délivré le 20 mai 1816.
Marié à Beaune le 10 novembre 1826, avec Jeanne Lépine.
Le 9 octobre 1827, a eu un fils nommé Jean-Joseph.
Le 12 janvier 1829, a eu une fille nommée Jeanne-Françoise.

Vol.	Nos.	DATE.	Nature des Actes.
1er.	20.	15 janvier 1841.	Demande en interdiction.
1er.	140.	2 avril 1841.	Jugement d'interdiction. Claude Prudent, négociant à Beaune, tuteur.
2.	210.	1er mai 1844.	Jugement portant mainlevée de l'interdiction.
3.	10.	15 octobre 1847.	Déclaration de translation de domicile à Paris.
3.	540.	20 novemb. 1849.	Id. à Beaune.
4.	15.	1er février 1850.	Saisie immobilière du 20 janvier, dénoncée le 28.
4.	28.	20 dudit.	Jugement du 18, portant déclaration de faillite.
4.	41.	28 dudit.	Demande en séparation de biens par son épouse.
5.	1er.	2 juillet 1851.	Jugement qui prononce la séparation de biens.
5.	48.	2 janvier 1852.	Concordat avec les créanciers.
5.	120.	30 dudit.	Jugement d'homologation du concordat.
11.	10.	4 février 1858.	Testament du 1er janvier 1848.
11.	11.	Id.	Décédé le 1er février. Apposition de scellés du 2.
12.	20.	1er mai 1858.	Inventaire des 25, 26 et 27 avril.
13.	15.	2 avril 1850.	Renonciation à la succession, du 1er, par.....

ACTES RELATIFS AUX IMMEUBLES.

Vol.	Nos.	DATE.	Nature des Actes.	Sommes.
		10 mai 1828.	Partage.	» »
		2 septemb. 1831.	Vente.	11,000 f. »
		10 octobre 1831.	Acquisition.	12,000 »
		31 dudit.	Echange.	» »
1er.	5.	2 avril 1832.	Bail pour 9 ans.	» »
1er.	15.	30 dudit.	Anticirèse.	» »
6.	14.	5 août 1836.	Donation entre-vifs.	5,000 »
10.	17.	3 juin 1840.	Adjud. sur saisie immob.	20,000 »

INSCRIPTIONS DES CRÉANCES.

Vol.	Nos.	DATE.	RADIATIONS.	Nature des Hypoth.	Sommes.
		9 novemb. 1826.		Légale.	Indétermi[né]
		10 octobre 1831.	10 janvier 1842.	Privilégiée.	11,000 f.
		31 dudit.	Id.	Conventionnelle.	4,000 f.
5.	12.	2 mai 1835.	Id.	Judiciaire.	6,000 f.
7.	140.	1er juin 1836.		Id.	5,000 f.
8.	115.	2 février 1838.		Id.	2,000

PROJET DE LOI

POUR L'AMÉLIORATION

DU RÉGIME HYPOTHÉCAIRE.

———

Voulant apporter au régime hypothécaire les modifications et changements dont la nécessité a été reconnue, afin de faciliter les transactions et d'en assurer l'exécution, seront exécutoires à compter du 1ᵉʳ janvier 18   , les dispositions suivantes :

PREMIÈRE PARTIE.

DE L'ÉTAT DES PERSONNES.

Art. 1er. *Les actes de l'état-civil, ainsi que ceux ayant pour objet de changer ou modifier le domicile ou la capacité des personnes, seront enregistrés ou inscrits sur des registres publics, conformément aux prescriptions faites par l'administration de l'enregistrement et des domaines.*

Sont et demeurent, en conséquence, abrogées toutes dispositions prescrites par les lois actuelles pour la publicité de certains actes, contrats et jugements.

DEUXIÈME PARTIE.

DES ACTES RELATIFS AUX IMMEUBLES.

2. *Tous actes contenant affectation d'hypothèque, aliénation ou cession de propriété ou jouissance d'immeubles ou droits immobiliers, pour un temps excédant trois années, ne pourront être opposés aux tiers que du jour de leur inscription au bureau des hypothèques de l'arrondissement de la situation des immeubles, conformément aux prescriptions et sous les modifications ci-après exprimées.*

3. *Les paiements anticipés du prix des baux ou cessions de jouissance ne seront valables, à l'égard des*

tiers non avertis, que pour deux années, y compris l'année courante.

TROISIÈME PARTIE.

DU CADASTRE.

4. *Une loi particulière règlera les rapports qui devront exister entre les conservateurs des hypothèques et les conservateurs du cadastre, afin de constater exactement les mutations d'immeubles.*

QUATRIÈME PARTIE.

RÉVISION DU CODE CIVIL.

TITRE Iᵉʳ.

DU DOMICILE.

5. Le domicile de tout Français, quant aux poursuites qui peuvent être dirigées contre lui, est au lieu où il fait sa résidence habituelle.

6. *Le changement de domicile s'opérera par une déclaration expresse faite tant au secrétariat de la mairie du lieu qu'on quittera ou voudra changer, qu'à celui du lieu où l'on désirera le transférer.*

A défaut de cette double déclaration, toutes significations, demandes et poursuites pourront être valablement faites au lieu que l'on aura quitté ou voulu changer.

TITRE II.

DES SUBSTITUTIONS.

7. *Les substitutions sont interdites.*

Néanmoins la nue propriété de la quotité disponible pourra être assurée aux enfants nés et à naître du donataire ou légataire de l'usufruit des mêmes biens.

En conséquence, le deuxième alinéa de l'art. 896 du Code civil, l'art. 897, ainsi que les dispositions du chapitre 6, titre 2, livre 3 du même Code, sont et demeurent abrogés.

TITRE III.

DU RÉGIME DOTAL.

8. *Les biens des époux mariés sous le régime dotal seront régis, savoir :*

Ceux ayant le caractère dotal, par les dispositions relatives au régime de la communauté ;

Et ceux réservés comme paraphernaux, par les dispositions relatives à la séparation de biens.

En conséquence la femme, avec l'autorisation de son mari ou de la justice, pourra valablement s'obliger, hypothéquer et aliéner ses biens, sauf recours contre son mari dans les cas prévus et déterminés par la loi.

Sont et demeurent dès lors abrogées les dispositions de la section 2, chapitre 3, titre 3, livre 3 du Code civil.

TITRE IV.

DE LA VENTE A RÉMÉRÉ.

9. *La vente à réméré présentant le double inconvénient d'une transmission résoluble dans un assez court délai, et de préparer ou consommer la ruine de beaucoup de propriétaires d'immeubles, sont et demeurent abrogées les dispositions de la section 1ᵉ du chapitre 6, livre 3 du Code civil.*

TITRE V.

DES PRIVILÉGES ET HYPOTHÈQUES.

10. Le titre 18, livre 3 du Code civil demeure abrogé, et sera remplacé par les dispositions suivantes :

CHAPITRE PREMIER.

DISPOSITIONS GÉNÉRALES.

11. Quiconque s'est obligé personnellement est tenu de remplir son engagement sur tous ses biens mobiliers et immobiliers présents et à venir.

12. Les biens du débiteur sont le gage commun de ses créanciers, et le prix s'en distribue entre eux par contribution, à moins qu'il n'y ait entre les créanciers des causes légitimes de préférence.

13. Les causes légitimes de préférence sont les priviléges et hypothèques.

CHAPITRE DEUX.

DES PRIVILÉGES.

14. Le privilége est un droit que la qualité de la créance donne à un créancier d'être préféré aux autres créanciers même hypothécaires.

15. Entre les créanciers privilégiés, la préférence se règle par les différentes qualités des priviléges.

16. Les créanciers privilégiés qui sont dans le même rang, sont payés par concurrence.

17. Le privilége, à raison des droits du trésor public, et l'ordre dans lequel il s'exerce, sont réglés par les lois qui les concernent. Le trésor public ne peut cependant obtenir de privilége au préjudice des droits antérieurement acquis à des tiers.

18. Les priviléges peuvent être sur les meubles ou les immeubles.

SECTION PREMIÈRE.

DES PRIVILÉGES SUR LES MEUBLES.

19. Les priviléges sont généraux ou particuliers sur certains meubles.

§ Ier.

DES PRIVILEGES GÉNÉRAUX SUR LES MEUBLES.

20. Les créances privilégiées sur la généralité des meubles sont celles ci-après exprimées, et s'exercent dans l'ordre suivant :

1° Les frais de justice ;

2° Les frais funéraires ;

3° Les frais quelconques de la dernière maladie, concurremment entre ceux à qui ils sont dus ;

4° Les salaires des gens de service, pour l'année échue, et ce qui est dû pour l'année courante;

5° Les fournitures des subsistances faites au débiteur et à sa famille, savoir : pendant les six derniers mois, par les marchands en détail, tels que boulangers, bouchers et autres; et pendant la dernière année, par les maîtres de pension et marchands en gros.

§ II.

DES PRIVILÉGES SUR CERTAINS MEUBLES.

21. Les créances privilégiées sur certains meubles sont :

1° Les loyers et fermages des immeubles sur les fruits de la récolte de l'année, et sur le prix de tout ce qui garnit la maison louée ou la ferme, et de tout ce qui sert à l'exploitation de la ferme, savoir : *pour deux années échues si elles sont encore dues, pour l'année courante, et pour tout ce qui est à échoir, si les baux sont authentiques, ou si, étant sous signature privée, ils ont été enregistrés;* et, dans ces deux cas, les autres créanciers ont le droit de relouer la maison ou la ferme pour le restant du bail, et de faire leurs profits des baux ou fermages, à la charge toutefois de payer au propriétaire tout ce qui lui serait encore dû;

Et, à défaut de baux authentiques, ou lorsqu'étant sous signature privée, *ils n'ont pas été enregis-trés, pour l'année courante et pour celles restant à courir, d'après les règles et dispositions du Code relatives aux conventions verbales ;*

Le même privilége a lieu pour les réparations lo-catives et pour tout ce qui concerne l'exécution du bail ;

Néanmoins, les sommes dues pour les semences ou pour les frais de la récolte de l'année, sont payées sur le prix de la récolte ; et celles dues pour ustensiles, sur le prix de ces ustensiles, par préférence au propriétaire, dans l'un et l'autre cas :

Le propriétaire peut saisir les meubles qui gar-nissent sa maison ou sa ferme, lorsqu'ils ont été déplacés sans son consentement, et il conserve sur eux son privilége, pourvu qu'il ait fait la revendication, savoir : lorsqu'il s'agit du mobilier qui garnissait une ferme, dans le délai de quarante jours ; et dans ce-lui de quinzaine, s'il s'agit de meubles garnissant une maison ;

2° La créance sur le gage dont le créancier est saisi ;

3° Les frais faits pour la conservation de la chose ;

4° Le prix d'effets mobiliers non payés, s'ils sont encore en la possession du débiteur, soit qu'il ait acheté à terme ou sans terme ;

Si la vente a été faite sans terme, le vendeur peut

même revendiquer ses effets tant qu'ils sont dans la possession de l'acheteur, et en empêcher la revente pourvu que la revendication soit faite dans la huitaine de la livraison, et que les effets se trouvent dans le même état dans lequel cette livraison a été faite;

Le privilége du vendeur ne s'exerce toutefois qu'après celui du propriétaire de la maison ou de la ferme, à moins qu'il ne soit prouvé que le propriétaire avait connaissance que les meubles et autres objets garnissant sa maison ou sa ferme n'appartenaient pas au locataire;

Il n'est rien innové aux lois et usages du commerce sur la revendication;

5° Les fournitures d'un aubergiste, sur les effets du voyageur qui ont été transportés dans son auberge;

6° Les frais de voitures et les dépenses accessoires, sur la chose voiturée;

7° Les créances résultant d'abus et prévarications commis par les fonctionnaires publics dans l'exercice de leurs fonctions, sur les fonds de leur cautionnement, et sur les intérêts qui en peuvent être dus.

SECTION DEUX.

DES PRIVILÉGES SUR LES IMMEUBLES.

22. Les créanciers privilégiés sur les immeubles sont :

1° Le vendeur sur l'immeuble vendu, pour le paiement du prix ;

S'il y a plusieurs ventes successives dont le prix
soit dû en tout ou en partie, le premier vendeur est
préféré au second, le deuxième au troisième, et ainsi
de suite ;

2° Ceux qui ont fourni les deniers pour l'acquisition d'un immeuble, pourvu qu'il soit authentiquement constaté par l'acte d'emprunt que là somme
était destinée à cet emploi, et, par la quittance du
vendeur, que ce paiement a été fait des deniers
empruntés ;

3° Les cohéritiers, sur les immeubles de la succession pour la garantie des partages faits entre eux,
et des soultes ou retour de lots ;

*Les dispositions comprises sous les trois para-
graphes qui précèdent seront applicables aux réserves
et charges exprimées dans les actes de donations
entre-vifs, soit au profit des donateurs ou donataires,
soit en faveur des bailleurs de fonds ou cessionnaires ;*

4° Les architectes, entrepreneurs, maçons et autres
ouvriers employés pour édifier, reconstruire ou réparer
des bâtiments, canaux ou autres ouvrages quelconques,
pourvu néanmoins que, par un expert nommé d'office par le tribunal de première instance dans le
ressort duquel les bâtiments sont situés, il ait été
dressé préalablement un procès-verbal, à l'effet de
constater l'état des lieux relativement aux ouvrages

que le propriétaire déclarera avoir dessein de faire, et que les ouvrages aient été, dans les six mois au plus de leur perfection, reçus par un expert également nommé d'office ;

Mais le montant du privilége ne peut excéder les valeurs constatées par le second procès-verbal, et il se réduit à la plus value existante à l'époque de l'aliénation de l'immeuble, et résultant des travaux qui y ont été faits ;

5° Ceux qui ont prêté les deniers pour payer ou rembourser les ouvriers jouissent du même privilége, pourvu que cet emploi soit authentiquement constaté par l'acte d'emprunt et par la quittance des ouvriers, ainsi qu'il a été dit ci-dessus pour ceux qui ont prêté les deniers pour l'acquisition d'un immeuble.

SECTION TROIS.

DES PRIVILÉGES QUI S'ÉTENDENT SUR LES MEUBLES ET IMMEUBLES.

23. Les priviléges qui s'étendent sur les meubles et les immeubles sont ceux énoncés en l'art. 20.

24. Lorsqu'à défaut du mobilier, les privilégiés énoncés en l'article précédent se présentent pour être payés sur le prix d'un immeuble en concurrence avec les créanciers privilégiés sur l'immeuble, les paiements se font dans l'ordre qui suit :

1° *Les créances désignées sous l'article* 22;

2° *Les frais de justice et autres énoncés en l'art.* 20, sauf les droits hypothécaires antérieurement acquis à des tiers.

SECTION QUATRE.

COMMENT SE CONSERVENT LES PRIVILÉGES.

25. Entre les créanciers, les priviléges ne produisent d'effet à l'égard des immeubles qu'autant qu'ils sont rendus publics par inscriptions sur les registres du conservateur des hypothèques, de la manière dé-terminée par la loi.

26. Sont exceptées de la formalité de l'inscription les créances énoncées en l'article 20, lesquelles prennent rang du jour de leur date.

27. *Les créances privilégiées sont conservées par l'ins-cription faite lors de l'enregistrement de l'acte qui les constituent ou établissent : l'enregistrement au bureau de la situation des immeubles étant nécessaire pour transférer les immeubles à l'égard des tiers, aucune hypothèque ne peut primer le créancier privilégié, s'il est inscrit dans la quinzaine de cet enregistre-ment.*

28. Les créanciers et légataires qui demandent la séparation du patrimoine du défunt, conformé-ment à l'article 878 du Code civil, au titre des suc-

cessions, conservent, à l'égard des créanciers des héritiers ou représentants du défunt, leur privilége sur les immeubles de la succession, par les inscriptions faites sur chacun de ses biens dans les six mois à compter de l'ouverture de la succession.

Avant l'expiration de ce délai, aucune hypothèque ne peut être établie avec effet sur ces biens, par les héritiers ou représentants, au préjudice de ces créanciers ou légataires.

29. Les cessionnaires de ces diverses créances privilégiées exercent tous les mêmes droits que les cédants, en leur lieu et place.

30. Toutes créances privilégiées soumises à la formalité de l'inscription, à l'égard desquelles les conditions ci-dessus prescrites pour conserver le privilége n'ont pas été accomplies, ne cessent pas néanmoins d'être hypothécaires; mais l'hypothèque ne date, à l'égard des tiers, que de l'époque des inscriptions qui auront dû être faites ainsi qu'il sera ci-après expliqué.

CHAPITRE TROIS.

DES HYPOTHÈQUES.

31. L'hypothèque est un droit réel sur les immeubles affectés à l'acquittement d'une obligation.

Elle est de sa nature indivisible, et subsiste en

entier sur tous les immeubles affectés, sur chacun et sur chaque portion de ces immeubles.

Elle les suit, dans quelques mains qu'ils passent.

32. L'hypothèque n'a lieu que dans les cas et suivant les formes autorisées par la loi.

33. Elle est ou légale, ou judiciaire, ou conventionnelle.

34. L'hypothèque légale est celle qui résulte de la loi.

L'hypothèque judiciaire est celle qui résulte des jugements ou actes judiciaires.

L'hypothèque conventionnelle est celle qui dépend des conventions ou de la forme extérieure des actes et des contrats.

35. Sont seuls susceptibles d'hypothèques :

1° Les biens immobiliers qui sont dans le commerce et leurs accessoires réputés immeubles;

2° L'usufruit des mêmes biens et accessoires pendant le temps de sa durée.

36. *En cas d'incendie d'un immeuble hypothéqué, l'indemnité qui pourrait être due par la Compagnie d'assurance sera employée à rétablir les lieux dans leur état primitif. Néanmoins, si le rétablissement n'a pas lieu dans le délai de six mois à compter du jour de l'incendie, l'indemnité sera distribuée*

*comme prix de vente de l'immeuble détruit ou en-
dommagé.*

37. Les meubles n'ont pas de suite par hypothèques.

38. Il n'est rien innové par le présent Code aux
dispositions des lois maritimes concernant les navires
et bâtiments de mer.

SECTION PREMIÈRE.

DES HYPOTHÈQUES LEGALES.

39. Les droits et créances auxquels l'hypothèque
légale est attribuée, sont :

1° Ceux des femmes mariées sur les immeubles que
leurs maris possèdent à l'époque du mariage, *ou du
contrat qui l'aura précédé, ainsi que sur ceux qui
leur échoient postérieurement par successions, donations ou legs ;*

2° Ceux des mineurs et interdits, sur les biens
présents et à venir de leurs tuteurs.

SECTION DEUX.

DES HYPOTHÈQUES JUDICIAIRES.

40. L'hypothèque judiciaire résulte des jugements
soit contradictoires, soit par défaut, définitifs ou

provisoires, en faveur de celui qui les a obtenus; elle résulte aussi des reconnaissances ou vérifications faites en jugement, des signatures apposées à un acte obligatoire sous seing privé.

Elle peut s'exercer sur les immeubles actuels du débiteur et sur ceux qu'il pourra acquérir, sauf les modifications qui seront ci-après exprimées.

Les décisions arbitrales n'emportent hypothèque qu'autant qu'elles sont revêtues de l'ordonnance judiciaire d'exécution.

L'hypothèque ne peut pareillement résulter des jugements rendus en pays étrangers, qu'autant qu'ils ont été déclarés exécutoires par un tribunal français, sans préjudice des dispositions contraires qui peuvent être dans les lois politiques ou dans les traités.

SECTION TROIS.

DES HYPOTHÈQUES CONVENTIONNELLES.

41. Les hypothèques conventionnelles ne peuvent être consenties que par ceux qui ont la capacité d'aliéner les immeubles qu'ils y soumettent.

42. Ceux qui n'ont sur l'immeuble qu'un droit suspendu par une condition, ou résolubles dans certains cas, ou sujets à rescision, ne peuvent consentir qu'une hypothèque soumise aux mêmes conditions ou à la même rescision.

43. Les biens des mineurs, des interdits et ceux des absents, tant que la possession n'en est déférée que provisoirement, ne peuvent être hypothéqués que pour les causes et dans les formes établies par la loi, ou en vertu de jugements.

44. L'hypothèque conventionnelle ne peut être consentie que par acte passé en forme authentique devant deux notaires ou devant un notaire et deux témoins. *Si elle est consentie par un tiers, le pouvoir doit aussi être authentique.*

45. Les contrats passés en pays étrangers ne peuvent donner d'hypothèque sur les biens de France, s'il n'y a des dispositions contraires à ce principe dans les lois politiques ou dans les traités.

46. Il n'y a d'hypothèque conventionnelle valable que celle qui résulte d'un acte authentique *contenant énonciation de la situation des immeubles hypothéqués, par la désignation de l'arrondissement hypothécaire.*

47. Les biens à venir ne peuvent être soumis à l'hypothèque.

Néanmoins si les biens présents et libres du débiteur sont insuffisants pour la sûreté de la créance, il peut, en exprimant cette insuffisance, consentir que chacun des biens qu'il acquérera par la suite y demeure affecté à mesure des acquisitions. *Dans ce cas une seule inscription grèvera tous les biens pré-*

sents et à venir qui auront été hypothéqués. Si le dé-
biteur ne possède aucun immeuble présent, il ne
pourra hypothéquer ses biens à venir.

48. Pareillement, en cas que l'immeuble ou les immeubles présents, assujétis à l'hypothèque, eussent péri ou éprouvé des dégradations de manière qu'ils fussent devenus insuffisants pour la sûreté du créancier, celui-ci pourra ou poursuivre dès à présent son remboursement, ou obtenir un supplément d'hypothèque.

49. L'hypothèque conventionnelle n'est valable qu'autant que la somme pour laquelle elle est consentie est certaine et déterminée par l'acte : si la créance résultant de l'obligation est conditionnelle pour son existence, ou indéterminée dans sa valeur, le créancier ne pourra requérir l'inscription dont il sera parlé ci-après que jusqu'à concurrence d'une valeur estimative par lui déclarée expressément, et que le débiteur aura droit de faire réduire, s'il y a lieu.

50. L'hypothèque acquise s'étend à toutes les améliorations survenues à l'immeuble hypothéqué.

SECTION QUATRE.

DU RANG QUE LES HYPOTHÈQUES ONT ENTRE ELLES.

51. Entre les créanciers, l'hypothèque, soit légale, soit judiciaire, soit conventionnelle, n'a de rang

que du jour de l'inscription prise par le créancier sur les registres du conservateur, dans la forme et la manière prescrite par la loi, sauf les modifications qui seront déterminées.

52. *L'hypothèque existe à la charge d'une seule inscription dans chacun des bureaux de la situation des biens :*

1° Au profit des mineurs et interdits, sur les immeubles de leur tuteur, à raison de sa gestion, du jour de l'acceptation de la tutelle;

2° Au profit des femmes, pour raison de leurs dots et conventions matrimoniales, sur les immeubles *propres ou personnels* de leurs maris et *à compter du jour du contrat de mariage.*

La femme n'a hypothèque pour les sommes qui proviennent de successions à elle échues ou de donations à elle faites pendant le mariage , qu'à compter de l'ouverture des successions, ou du jour que les donations ont eu leur effet.

Elle n'a hypothèque pour l'indemnité des dettes qu'elle a contractées avec son mari, et pour le remploi de ses propres aliénés, qu'à compter du jour de l'obligation ou de la vente.

Dans aucun cas la disposition du présent article ne pourra préjudicier aux droits acquis à des tiers avant la publication du présent titre.

53. Les maris et les tuteurs sont tenus de rendre publiques les hypothèques dont leurs biens

sont grevés, et, à cet effet, de requérir eux-mêmes, sans aucun délai, inscription aux bureaux à ce établis sur les immeubles à eux appartenant, et sur ceux qui pourront leur appartenir par la suite, comme il a été plus haut expliqué.

Les maris et tuteurs qui, ayant manqué de requérir et de faire faire les inscriptions ordonnées par le présent article, auraient consenti ou laissé prendre des priviléges ou des hypothèques sur leurs immeubles, sans déclarer expressément que lesdits immeubles étaient affectés à l'hypothèque légale des femmes et des mineurs, seront réputés stellionataires et comme tels contraignables par corps.

54. Les subrogés-tuteurs seront tenus, sous leur responsabilité personnelle, et sous peine de tous dommages et intérêts, de veiller à ce que les inscriptions soient prises sans délai sur les biens du tuteur, pour raison de sa gestion, même de faire faire lesdites inscriptions.

55. A défaut par les maris, tuteurs, subrogés-tuteurs, de faire faire les inscriptions ordonnées par les articles précédents, elles seront requises par le procureur du roi près le tribunal de première instance du domicile des maris ou tuteurs ou de la situation des biens.

56. Pourront les parents, soit du mari, soit de la femme, et les parents du mineur, ou, à défaut de parents, ses amis, requérir lesdites inscriptions ; elles pourraient aussi être requises par la femme et par les mineurs.

57. Lorsque, dans le contrat de mariage, les parties majeures seront convenues qu'il ne sera pris d'inscription que sur un ou certains immeubles du mari, les immeubles qui ne seraient pas indiqués pour l'inscription resteront libres et affranchis de l'hypothèque pour la dot de la femme, et pour ses reprises et conventions matrimoniales. Il ne pourra pas être convenu qu'il ne sera pris aucune inscription.

58. Il en sera de même pour les immeubles du tuteur, lorsque les parents, en conseil de famille, auront été d'avis qu'il ne soit pris d'inscription que sur certains immeubles.

59. Dans le cas des deux articles précédents, le mari, le tuteur et le subrogé-tuteur ne seront tenus de requérir inscription que sur les immeubles indiqués.

60. Lorsque l'hypothèque n'aura pas été restreinte par l'acte de nomination de tuteur, celui-ci pourra, dans le cas où l'hypothèque générale sur ses immeubles excéderait notoirement les sûretés suffisantes pour sa gestion, demander que cette hypothèque soit restreinte aux immeubles suffisants pour opérer une pleine garantie en faveur du mineur.

La demande sera formée contre le subrogé-tuteur, et elle devra être précédée d'un avis de famille.

61. Pourra pareillement le mari, après avoir pris l'avis de quatre plus proches parents de sa femme, réunis en assemblée de famille, demander que l'hypo-

thèque générale sur tous ses immeubles, pour raison de la dot, des reprises et conventions matrimoniales, soit restreinte aux immeubles suffisants pour la conservation entière des droits de la femme.

62. Les jugements sur les demandes des maris et des tuteurs ne seront rendus qu'après avoir entendu le procureur du roi, et contradictoirement avec lui.

Dans le cas où le tribunal prononcera la réduction de l'hypothèque à certains immeubles, les inscriptions prises sur tous les autres seront rayées.

CHAPITRE QUATRE.

DU MODE DE L'INSCRIPTION DES PRIVILÉGES ET HYPOTHÈQUES.

63. Les inscriptions se font au bureau de la conservation des hypothèques dans l'arrondissement duquel sont situés les immeubles soumis au privilége ou à l'hypothèque. *Elles ne produisent aucun effet si les actes qui y ont donné lieu sont déclarés nuls.*

64. Tous les créanciers inscrits le même jour exercent en concurrence une hypothèque de la même date, sans distinction entre l'inscription du matin et celle du soir, quand cette différence serait marquée par le conservateur, *sauf néanmoins l'exécution des dispositions de la section 4 du chapitre 2,*

à l'égard des créances privilégiées : lesquelles dispositions seront en outre applicables aux hypothèques légales.

65. *Les inscriptions sont faites, savoir :*

1° *Par les receveurs de l'enregistrement et conservateurs des hypothèques, ou à leur diligence,*

Pour tous les actes soumis à la formalité de l'enregistrement, et contenant affectation, donation, cession ou aliénation d'immeubles ou droits immobiliers : les baux de trois ans et au-dessous exceptés ;

Pour les contrats de mariage et actes de tutelle, mais seulement au bureau du domicile des maris ou tuteurs, dans les cas où les actes ne préciseront ou ne limiteront pas l'hypothèque légale;

2° *Et par les parties intéressées, ou par leur représentants,*

Pour tous autres actes ou procès-verbaux ;

Pour les jugements de condamnations ou collocations de sommes ou valeurs mobilières;

Pour les inscriptions d'hypothèques légales à requérir dans d'autres bureaux que celui du domicile des maris ou tuteurs.

66. L'inscription est opérée sur la représentation de l'original ou de l'expédition authentique de l'acte ou du jugement qui donne naissance au privilége ou à l'hypothèque, *lequel est consigné sur le registre de l'enregistrement, par extrait contenant :*

1° *Les noms, prénoms, professions et domiciles des parties ;*

2° *L'élection, pour le créancier, d'un domicile dans l'arrondissement du bureau de la situation des immeubles ;*

3° *La désignation des biens ;*

4° *Les clauses établissant, modifiant ou supprimant des servitudes, le droit et l'origine de la propriété ;*

5° *Le montant du capital des créances, des rentes ou prestations exprimées dans le titre ; l'époque de l'exigibilité ou la condition éventuelle ;*

6° *La date du titre, le nom et la résidence du notaire ou du tribunal qui a donné à l'acte le caractère d'authenticité.*

A défaut d'énonciation des immeubles dans l'acte constitutif des hypothèques légales, judiciaires, ou sur les biens à venir, l'inscription sera prise sur tous les immeubles situés dans l'arrondissement du bureau.

67. Les inscriptions à faire sur les biens d'une personne décédée, pourront être faites sous la simple désignation du défunt, *sans qu'il soit besoin d'indiquer le nom des héritiers.*

68. Le conservateur remet ou renvoie au requérant le titre ou l'expédition du titre, au pied duquel il certifie avoir fait l'inscription.

69. Le créancier inscrit pour un capital produïsant intérêts ou arrérages a droit d'être colloqué pour deux années seulement, et pour l'année courante, au même rang d'hypothèque que pour son capital, sans préjudice des inscriptions particulières à prendre, portant hypothèque à compter de leur date, pour les arrérages autres que ceux conservés par la première inscription.

70. Il est loisible à celui qui a requis une inscription, ainsi qu'à ses représentants ou cessionnaires par acte authentique, de changer sur les registres des hypothèques le domicile par lui élu, à la charge d'en choisir et indiquer un autre dans le même arrondissement.

71. Les inscriptions conservent l'hypothèque et le privilége, savoir :

Celles relatives aux hypothèques légales des femmes et des interdits, jusqu'à l'expiration des dix années qui auront suivi la dissolution du mariage, la séparation de biens, le décès ou le jugement portant mainlevée de l'interdiction. Elles ne pourront, néanmoins, être rayées par le conservateur que sur la représentation soit du consentement donné dans les formes ordinaires, soit d'après un acte de notoriété portant qu'il y a lieu à radiation;

Et à l'égard de toutes autres, pendant 30 années, à compter du jour de leur date.

Leur effet cessera si, avant l'expiration de ces dé-

tais, elles n'ont été renouvelées sur les détenteurs des biens grevés, en vertu d'une reconnaissance authentique, consentie par ces derniers ou obtenue en justice. En conséquence, les dispositions de l'article 2263 du Code civil seront applicables à tous actes, jugements ou procès-verbaux contenant obligations, condamnations ou collocations de sommes ou valeurs mobilières ; et tout acte interruptif de prescription ou péremption devra être inscrit et mentionné en marge des inscriptions qu'il s'agira de conserver.

72. Les frais des inscriptions sont à la charge du débiteur, s'il n'y a stipulation contraire ; l'avance en est faite par le requérant. *Aucun droit proportionnel ne pourra être perçu pour les hypothèques légales.*

73. Les actions auxquelles les hypothèques peuvent donner lieu contre les créanciers sont intentées devant le tribunal compétent, par exploits faits à leur personne ou au dernier des domiciles élus sur le registre ; et ce, nonobstant le décès soit des créanciers, soit de ceux chez lesquels ils auront fait élection de domicile.

CHAPITRE CINQ.

DE LA RADIATION ET REDUCTION DES INSCRIPTIONS.

74. Les inscriptions seront rayées du consentement des parties intéressées et ayant capacité à cet effet,

ou en vertu d'un jugement en dernier ressort ou passé en force de chose jugée.

75. Celles relatives aux hypothèques légales pourront être rayées, restreintes ou réduites au profit des tiers qui auront traité avec les maris ou tuteurs, savoir :

Les inscriptions des femmes mariées, en vertu de leur consentement donné soit dans l'acte même, soit postérieurement, hors la présence du mari, dont l'autorisation ne sera point nécessaire;

Et celles des mineurs ou interdits, en vertu d'un consentement donné par le tuteur, d'après une délibération du conseil de famille qui pourra être délivrée en brevet pour être jointe à l'acte de mainlevée.

76. Ceux qui requièrent la radiation, déposent au bureau du conservateur l'expédition de l'acte authentique, portant consentement, ou celle du jugement.

Néanmoins, les inscriptions dont les causes principales ne s'élèvent pas à 500 fr. pourront être rayées sur la représentation de l'original en brevet de l'acte ou du jugement qui aura consenti ou ordonné la radiation.

77. La radiation non consentie est demandée au tribunal dans le ressort duquel l'inscription a été faite, si ce n'est lorsque cette inscription a eu lieu pour sûreté d'une condamnation éventuelle ou indéterminée, sur l'exécution ou liquidation de laquelle le débiteur et le créancier prétendu sont en

instance ou doivent être jugés dans un autre tribunal; auquel cas la demande en radiation doit y être
portée ou renvoyée.

Cependant la convention faite par le créancier et
le débiteur de porter, en cas de contestation, la demande à un tribunal qu'ils auraient désigné, rece-
vra son exécution entre eux.

78. La radiation doit être ordonnée par les tribunaux, lorsque l'inscription a été faite sans être fondée
ni sur la loi, ni sur un titre, ou lorsqu'elle l'a été
en vertu d'un titre soit irrégulier, soit éteint ou
soldé, ou lorsque les droits de privilége ou d'hypothèque sont effacés par les voies légales.

79. Toutes les fois que les inscriptions prises par
un créancier qui, d'après la loi, aurait droit d'en
prendre sur les biens présents ou sur les biens à
venir d'un débiteur, sans limitation convenue, seront portées sur plus de domaines différents qu'il
n'est nécessaire à la sûreté des créances, l'action en
réduction des inscriptions, ou en radiation d'une
partie en ce qui excède la proportion convenable,
est ouverte au débiteur. On y suit les règles de
compétence établies dans l'article 77.

La disposition du présent article ne s'applique pas
aux hypothèques conventionnelles.

80. Sont réputées excessives les inscriptions qui
frappent sur plusieurs domaines, lorsque la valeur
d'un seul ou de quelques-uns d'entre eux excède de

plus d'un tiers en fonds libres le montant des créances
en capital et accessoires légaux.

81. Peuvent aussi être réduites comme excessives
les inscriptions prises d'après l'évaluation faite, par
le créancier, des créances qui, en ce qui concerne l'hypothèque à établir pour leur sûreté, n'ont
pas été réglées par la convention, et qui, par leur
nature, sont conditionnelles, éventuelles ou indéterminées.

82. L'excès, dans ce cas, est arbitré par les juges,
d'après les circonstances, les probabilités des chances
et le s présomptions de fait, de manière à concilier
les droits vraisemblables du créancier avec l'intérêt
du crédit raisonnable à conserver au débiteur; sans
préjudice des nouvelles inscriptions à prendre, avec
hypothèque du jour de leur date, lorsque l'événement aura porté les créances indéterminées à une
somme plus forte.

83. La valeur des immeubles dont la comparaison
est à faire avec celle des créances et le tiers en sus,
est déterminée par quinze fois la valeur du revenu
déclaré par la matrice du rôle de la contribution
foncière, ou indiqué par la cote de contribution sur
le rôle, selon la proportion qui existe dans les
communes de la situation entre cette matrice ou
cette cote et le revenu, pour les immeubles non-
sujets à dépérissements, et dix fois cette valeur,
pour ceux qui y sont sujets. Pourront néanmoins
les juges s'aider, en outre, des éclaircissements qui
peuvent résulter des baux non suspects, des procès-
verbaux d'estimation qui ont pu être dressés précé-

demment à des époques rapprochées, et autres actes semblables, et évaluer le revenu au taux moyen entre les résultats de ces divers renseignements.

CHAPITRE SIX.

DE L'EFFET DES PRIVILÉGES ET HYPOTHÈQUES

CONTRE LES TIERS DÉTENTEURS.

84. Les créanciers ayant privilége ou hypothèque inscrite sur un immeuble, le suivent en quelques mains qu'il passe, pour être colloqués et payés suivant l'ordre de leurs créances ou inscriptions.

85. Si le tiers détenteur ne remplit pas les formalités qui seront ci-après établies, pour purger sa propriété, il demeure, par l'effet seul des inscriptions, obligé comme détenteur à toutes les dettes hypothécaires, et jouit des termes et délais accordés au débiteur originaire.

86. Le tiers détenteur est tenu, dans le même cas, ou de payer tous les intérêts et capitaux exigibles, à quelque somme qu'ils puissent monter, ou de délaisser l'immeuble hypothéqué, sans aucune réserve.

87. Faute par le tiers détenteur de satisfaire pleinement à l'une de ces obligations, chaque créancier hypothécaire a droit de faire vendre sur lui l'immeuble hypothéqué, trente jours après commandement fait au débiteur originaire, et sommation faite au tiers dé-

tenteur de payer la dette exigible ou de délaisser l'héritage.

88. Néanmoins le tiers détenteur qui n'est pas personnellement obligé à la dette, peut s'opposer à la vente de l'héritage hypothéqué qui lui a été transmis, s'il est demeuré d'autres immeubles hypothéqués à la même dette dans la possession du principal ou des principaux obligés, et en requérir la discussion préalable selon la forme réglée au titre du cautionnement : pendant cette discussion il est sursis à la vente de l'héritage hypothéqué.

89. L'exception de discussion ne peut être opposée au créancier privilégié ou ayant hypothèque spéciale sur l'immeuble.

90. Quant au délaissement par hypothèque, il peut être fait par tous les tiers détenteurs qui ne sont pas personnellement obligés à la dette, et qui ont la capacité d'aliéner.

91. Il peut l'être même après que le tiers détenteur a reconnu l'obligation ou subi condamnation en cette qualité seulement : le délaissement n'empêche pas que, jusqu'à l'adjudication, le tiers détenteur ne puisse reprendre l'immeuble en payant toute la dette et les frais.

92. *Le délaissement se fait par acte devant notaire, ou au greffe du tribunal de la situation des biens; il est notifié au créancier poursuivant.*

Dans ce cas, les immeubles vendus rentrent à l'an-

*cien propriétaire, comme s'il ne les eût pas aliénés,
et l'expropriation en est poursuivie sur lui seul.*

93. Les détériorations qui procèdent du fait ou
de la négligence du tiers détenteur, au préjudice des
créanciers hypothécaires ou privilégiés, donnent lieu
contre lui à une action en indemnité ; mais il ne
peut répéter ses impenses et améliorations que jusqu'à concurrence de la plus value résultant de l'a-
mélioration.

94. Les fruits de l'immeuble hypothéqué ne sont
dus par le tiers détenteur qu'à compter du jour de
la sommation de payer ou de délaisser, et, si les
poursuites commencées ont été abandonnées pendant
trois ans, à compter de la nouvelle sommation qui
sera faite.

95. Les servitudes et droits réels que le tiers détenteur avait sur l'immeuble avant .. possession, re-
naissent après le délaissement ou après l'adjudication
faite sur lui.

96. Le tiers détenteur qui a payé la dette hypothécaire, ou délaissé l'immeuble hypothéqué, ou
subi l'expropriation de cet immeuble, a le recours
en garantie, tel que de droit, contre le débiteur
principal.

97. Le tiers détenteur qui veut purger sa propriété en payant le prix, observe les formalités
qui sont établies dans le chapitre huit du présent
titre.

CHAPITRE SEPT.

DE L'EXTINCTION DES PRIVILÉGES ET HYPOTHÈQUES.

98. Les priviléges et hypothèques s'éteignent :

1° Par l'extinction de l'obligation principale ;

2° Par la renonciation du créancier à l'hypothèque ;

3° Par l'accomplissement des formalités et conditions prescrites aux tiers détenteurs pour purger les biens par eux acquis ;

4° Par la prescription.

CHAPITRE HUIT.

DU MODE DE PURGER LES PROPRIÉTÉS
DES PRIVILEGES ET HYPOTHÈQUES.

99. Les contrats translatifs de propriété ou usufruit d'immeubles ou droits réels immobiliers que les tiers détenteurs voudront purger de priviléges et hypothèques, seront préalablement, si cela n'a déjà eu lieu, inscrits par le conservateur des hypothèques dans l'arrondissement duquel les biens sont situés, conformément à l'article 66. *Si les énonciations sont insuffisantes, il y sera suppléé par une déclaration des parties contractantes ou poursuivantes.*

100. La simple inscription des titres translatifs de

propriété sur le registre du conservateur, ne purge pas les hypothèques et priviléges établis sur l'immeuble.

101. Si le nouveau propriétaire veut se garantir de l'effet des poursuites autorisées par le chapitre six du présent titre, il est tenu, soit avant les poursuites, soit dans le mois au plus tard, à compter de la première sommation qui lui est faite, de notifier aux créanciers, aux domiciles par eux élus dans leurs inscriptions :

1° Extrait de son titre contenant seulement la date et la qualité de l'acte, le nom et la désignation précise du vendeur ou du donateur, la nature et la situation de la chose vendue ou donnée; et, s'il s'agit d'un corps de biens, la dénomination générale seulement du domaine et des arrondissements dans lesquels il est situé, le prix et les charges faisant partie du prix de la vente, ou l'évaluation de la chose si elle a été donnée;

2° Extrait de la transcription ou inscription de l'acte de vente;

3° Un tableau sur trois colonnes, dont la première contiendra la date des hypothèques et celle des inscriptions; la seconde, le nom des créanciers; la troisième, le montant des créances inscrites.

102. L'acquéreur ou le donataire déclarera, par le même acte, qu'il est prêt à acquitter, sur-le-champ, les dettes et charges hypothécaires, jusqu'à concurrence seulement du prix, sans distinction des dettes exigibles ou non exigibles.

103. Lorsque le nouveau propriétaire a fait cette notification dans le délai fixé, tout créancier dont le titre est inscrit, peut requérir la mise de l'immeuble aux enchères et adjudications publiques, à la charge :

1º Que cette réquisition sera signifiée au nouveau propriétaire dans quarante jours, au plus tard, de la notification faite à la requête de ce dernier, en y ajoutant deux jours par cinq myriamètres de distance entre le domicile élu et le domicile réel de chaque créancier requérant;

2° Qu'elle contiendra soumission du requérant de porter ou de faire porter le prix à un dixième en sus de celui qui aura été stipulé dans le contrat, ou déclaré par le nouveau propriétaire;

3° Que la même signification sera faite dans le même délai au précédent propriétaire, débiteur principal;

4° Que l'original et les copies de ces exploits seront signés par le créancier requérant, ou par son fondé de procuration expresse, lequel, en ce cas, est tenu de donner copie de sa procuration;

5° Qu'il offrira de donner caution jusqu'à concurrence du prix et des charges :

Le tout à peine de nullité.

104. A défaut par les créanciers d'avoir requis la mise aux enchères dans le délai et les formes prescrits,

la valeur de l'immeuble demeure définitivement fixée au prix stipulé dans le contrat , ou déclaré par le nouveau propriétaire, lequel est, en conséquence, libéré de tout privilége et hypothèque , en payant ledit prix aux créanciers qui seront en ordre de recevoir, ou en le consignant.

105. En cas de revente sur enchères, elle aura lieu suivant les formes établies pour les expropriations forcées, à la diligence soit du créancier qui l'aura requise, soit du nouveau propriétaire ;

Le poursuivant énoncera dans les affiches le prix stipulé dans le contrat ou déclaré, et la somme en sus à laquelle le créancier s'est obligé de la porter ou faire porter.

106. L'adjudicataire est tenu, au-delà du prix de son adjudication, de restituer à l'acquéreur ou au donataire dépossédé, les frais et loyaux coûts de son contrat, ceux de la transcription ou inscription sur les registres du conservateur, ceux de notification, et ceux faits par lui pour parvenir à la revente.

107. Le désistement du créancier requérant la mise aux enchères ne peut, même quand le créancier paierait le montant de la soumission, empêcher l'adjudication publique, si ce n'est du consentement exprès de tous les autres créanciers hypothécaires.

108. L'acquéreur qui se sera rendu adjudicataire aura son recours tel que de droit contre le vendeur, pour le remboursement de ce qui excède le prix

stipulé par son titre et pour l'intérêt de cet excédant à compter du jour de chaque paiement.

109. Dans le cas où le titre du nouveau propriétaire comprendrait des immeubles et des meubles,
ou plusieurs immeubles ; les uns hypothéqués, les
autres non hypothéqués, situés dans le même ou
dans divers arrondissements de bureaux aliénés pour
un seul et même prix, ou pour des prix distincts
et séparés, soumis ou non à la même exploitation,
le prix de chaque immeuble frappé d'inscriptions
particulières et séparées sera déclaré dans la notification du nouveau propriétaire, par ventilation,
s'il y a lieu, du prix total exprimé dans le titre.

Le créancier surenchérisseur ne pourra, en aucun cas, être contraint d'étendre sa soumission ni
sur le mobilier ni sur d'autres immeubles que
ceux qui sont hypothéqués à sa créance, et situés
dans le même arrondissement, sauf le recours du
nouveau propriétaire contre ses auteurs, pour l'indemnité du dommage qu'il éprouverait, soit de la
division des objets de son acquisition, soit de celle
des exploitations.

CHAPITRE NEUF.

DE LA PUBLICITÉ DES REGISTRES,

ET DE LA RESPONSABILITÉ DES CONSERVATEURS.

110. Les conservateurs des hypothèques sont tenus
de délivrer à tous ceux qui le requièrent, copie des

inscriptions faites sur leurs registres et non **rayées** ni prescrites, ou certificat qu'il n'en existe aucune.

111. Ils sont responsables du préjudice résultant :

1° De l'omission sur leurs registres, des inscriptions qu'ils ont dû prendre ou qui ont été requises dans leurs bureaux ;

2° Du défaut de mention dans leurs certificats, d'une ou de plusieurs des inscriptions existantes, à moins, dans ce dernier cas, que l'erreur ne provînt de désignations insuffisantes qui ne pourraient leur être imputées.

112. L'immeuble à l'égard duquel le conservateur aurait omis dans ses certificats une ou plusieurs des charges inscrites, en demeure, sauf la responsabilité du conservateur, affranchi dans les mains du nouveau possesseur, pourvu qu'il ait requis le certificat depuis la transcription ou l'inscription de son titre ; sans préjudice néanmoins du droit des créanciers de se faire colloquer suivant l'ordre qui leur appartient, tant que le prix n'a pas été payé par l'acquéreur, ou tant que l'ordre fait entre les créanciers n'a pas été homologué. *Cette dernière disposition serait aussi applicable au cas où l'inscription ne contiendrait pas l'élection de domicile prescrite par l'art. 66, n° 2.*

113. Dans aucun cas les conservateurs ne peuvent refuser ni retarder l'inscription des actes de mutations ou droits hypothécaires, ni la délivrance des certificats requis, sous peine de dommages et in-

térêts des parties; à l'effet de quoi procès-verbaux des refus ou retardements seront, à la diligence des requérants, dressés sur-le-champ, soit par un juge de paix, soit par un huissier audiencier du tribunal, soit par un autre huissier ou un notaire assisté de deux témoins.

114. Néanmoins les conservateurs seront tenus d'avoir un registre sur lequel ils inscriront, jour par jour, et par ordre numérique, les remises qui leur seront faites d'actes susceptibles d'être inscrits; ils donneront au requérant, *s'il la demande,* une reconnaissance sur papier timbré, qui rappellera le numéro du registre sur lequel la remise aura été constatée, et ils ne pourront inscrire les actes sur le registre à ce destiné, qu'à la date et dans l'ordre des remises qui leur auront été faites.

115. *Dans le cas où, d'après son contenu, un acte devra être inscrit dans un bureau autre que celui où il aura dû être présenté à l'enregistrement, le receveur ou conservateur sera tenu d'envoyer dans les trois jours à son confrère, pour opérer l'inscription, l'original ou l'expédition de l'acte à lui remis, et ce dernier devra faire l'inscription qui le concernera et renvoyer les pièces pour être rendues au fonctionnaire public rédacteur ou dépositaire de la minute de l'acte ou du jugement.*

116. Tous les registres des conservateurs *ne seront pas assujétis au timbre;* ils devront être cotés et paraphés à chaque feuillet par premier et dernier, par l'un des juges du tribunal dans le ressort duquel le hu-

reau est établi. Les registres seront arrêtés chaque
jour, comme ceux d'enregistrement des actes.

117. Les conservateurs seront tenus de se conformer,
dans l'exercice de leurs fonctions, à toutes les dispositions du présent chapitre, à peine d'une amende
de 200 à 1000 fr. pour la première contravention,
et de destitution en cas de récidive; sans préjudice
des dommages et intérêts des parties, lesquels seront
payés aussi par préférence à l'amende.

118. Les mentions de dépôt, ainsi que les inscriptions,
seront faites de suite, sans aucun blanc ni interligne,
à peine, contre le conservateur, de 1000 à 2000 francs
d'amende, et des dommages et intérêts des parties,
payables aussi par préférence à l'amende.

TITRE VI.

DE LA PRESCRIPTION.

119. Les articles 2265, 2266, 2267, 2268 et 2269 sont
abrogés.

*Pour prescrire contre le véritable propriétaire, il
faut trente ans de possession ou jouissance paisible,
soit qu'il y ait contrat, soit qu'il n'y en ait pas. S'il
y a titre régulier en la forme et une possession de 10
ans sans interruption, cette prescription n'est suspendue, à l'égard des immeubles et vis-à-vis les tiers, ni
par le mariage, ni par la minorité, ni par aucune
autre cause. En conséquence, la disposition du n° 2 de*

l'article 2256 du Code civil demeure abrogée en ce qu'elle aurait de contraire à cette nouvelle disposition.

CINQUIÈME PARTIE.

CODE DE COMMERCE.

DES FAILLITES ET BANQUEROUTES.

120. *L'ouverture de la faillite, quant aux actes constitutifs d'hypothèques ou translatifs de propriété ou usufruit d'immeubles, ne datera que du jour du jugement qui l'aura déclarée. Pourront néanmoins être annulés comme frauduleux, les actes de donations, et ceux ayant pour objet le paiement ou la garantie de dettes contractées avant les six mois du jugement déclaratif de la faillite.*

121. *L'hypothèque légale de la femme s'étendra sur les immeubles provenant au failli de successions, donations ou legs.*

SIXIÈME PARTIE.

RÉVISION DU CODE DE PROCÉDURE.

TITRE Iᵉʳ.

DE LA SAISIE IMMOBILIÈRE.

122. Le titre 12, première partie, livre 5 du Code de procédure, demeure abrogé, et sera remplacé par les dispositions suivantes :

123. La saisie immobilière sera précédée d'un commandement à personne ou domicile, en tête duquel sera donné copie entière du titre en vertu duquel elle est faite : ce commandement contiendra élection de domicile dans le lieu où siége le tribunal qui devra connaître de la saisie, si le créancier n'y demeure pas ; il énoncera que, faute de paiement, il sera procédé à la saisie des immeubles du débiteur. L'huissier ne se fera point assister de témoins ; il fera, dans le jour, viser l'original par le maire ou l'adjoint du domicile du débiteur.

Dans le cas où les immeubles à saisir auraient été aliénés, le commandement sera, sous huitaine, dénoncé au tiers détenteur, et l'expropriation sera poursuivie

simultanément contre l'ancien et le nouveau posses-
seurs.

124. La saisie immobilière ne pourra être faite que
trente jours après le commandement : si le créancier
laisse écouler plus de trois mois entre le commandement
et la saisie, il sera tenu de le réitérer, dans les formes
et avec le délai ci-dessus.

125. Le procès-verbal de saisie contiendra, outre
les formalités communes à tous les exploits, l'énonciation du jugement ou du titre exécutoire, le trans-
port de l'huissier sur les biens saisis, la désignation de
l'extérieur des objets saisis, si c'est une maison, et
énoncera l'arrondissement, la commune et la rue où
elle est située, et les tenants et aboutissants, si ce sont
des biens ruraux; la désignation des bâtiments, s'il y en
a, la nature et la contenance au moins approximative de
chaque pièce, deux au moins de ses tenants et aboutissants, le nom du fermier ou colon, s'il y en a, l'arrondissement et la commune où elle est située : quelle
que soit la nature du bien, le procès-verbal contiendra
en outre l'extrait de la matrice du rôle de contribution foncière pour tous les articles saisis, l'indication
du tribunal où la saisie sera portée, et constitution
d'avoué chez lequel le domicile du saisissant sera élu
de droit.

126. La saisie immobilière sera inscrite au bureau
des hypothèques de la situation des biens, pour la
partie des objets saisis qui se trouvera dans l'arrondissement.

127. Si le conservateur ne peut faire l'inscription de

la saisie à l'instant où elle lui est présentée, il fera mention sur l'original qui lui sera laissé des heure, jour, mois et an auxquels il lui aura été remis, et en cas de concurrence, le premier présenté sera inscrit.

128. S'il y a une précédente saisie, le conservateur constatera son refus en marge de la seconde; il énoncera la date de la précédente saisie, les noms, professions, demeures du saisissant et du saisi, l'indication du tribunal où la saisie est portée, le nom de l'avoué du saisissant, et la date de l'inscription.

129. La saisie immobilière, enregistrée ou inscrite comme il est dit à l'article 126, sera dénoncée au saisi, dans la quinzaine du jour de cet enregistrement, outre un jour pour trois myriamètres de distance entre le domicile du saisi et la situation des biens ; elle contiendra la date de la première publication. L'original de cette dénonciation sera visé dans les vingt-quatre heures par le maire du domicile du saisi, et enregistré dans la huitaine, outre un jour pour trois myriamètres, au bureau de la conservation des hypothèques de la situation des biens ; mention en sera faite en marge de l'enregistrement de la saisie réelle.

130. Dans le même délai, le poursuivant sera tenu de faire insérer dans un des journaux destinés à cet effet, un extrait contenant :

1° La date de la saisie et de ses enregistrements ;

2° Les noms, professions et demeures du saisi et du saisissant, et de l'avoué de ce dernier ;

3° Les noms de l'arrondissement, de la commune, de la rue des maisons saisies ;

4° L'indication sommaire des biens ruraux en autant d'articles qu'il y a de communes, lesquelles seront indiquées, ainsi que les arrondissements ; chaque article contiendra seulement la nature et la quantité des objets, et les noms des fermiers ou colons, s'il y en a ; si néanmoins les biens situés dans la même commune sont exploités par plusieurs personnes, ils seront divisés en autant d'articles qu'il y aura d'exploitants ;

5° L'indication des lieu, jour et heure où il sera procédé à l'adjudication.

Il sera justifié de cette insertion par la feuille contenant ledit extrait, avec la signature de l'imprimeur, légalisée par le maire.

Elle sera faite et renouvelée deux fois, de quinzaine en quinzaine.

131. Extrait pareil à celui prescrit par l'article précédent, imprimé en forme de placard, sera affiché,

1° A la porte du domicile du saisi ;

2° A la principale porte des édifices saisis ;

3° A la principale place de la commune où le saisi est domicilié, de celle de la situation des biens, et de celle du tribunal où la vente se poursuit ;

4° Au principal marché desdites communes, et, lorsqu'il n'y en a pas, aux deux marchés les plus voisins ;

5° A la porte de l'auditoire du juge de paix de la situation des bâtiments ; et, s'il n'y a pas de bâtiments, à la porte de l'auditoire de la justice de paix où se trouve la majeure partie des biens saisis ;

6° Aux portes extérieures des tribunaux du domicile du saisi, de la situation des biens et de la vente.

132. L'apposition des placards sera constatée par un acte auquel sera annexé un exemplaire du placard : par cet acte, l'huissier attestera que l'apposition a été faite aux lieux désignés par la loi, sans les détailler.

133. Les originaux du placard et le procès-verbal d'apposition ne pourront être grossoyés sous aucun prétexte.

134. L'original dudit procès-verbal sera visé par le maire de chacune des communes dans lesquelles l'apposition aura été faite, et il sera notifié à la partie saisie, avec copie du placard.

135. Si les immeubles saisis ne sont pas loués ou affermés, le saisi en restera en possession jusqu'à la vente, comme séquestre judiciaire, à moins qu'il ne soit autrement ordonné par le juge sur la réclamation d'un ou plusieurs créanciers. Les créanciers pourront néanmoins faire faire la coupe et la vente, en tout ou en partie, des fruits pendants par les racines.

136. Les fruits échus depuis la dénonciation au saisi, seront immobilisés, pour être distribués avec le prix de l'immeuble par ordre d'hypothèques.

137. Le saisi ne pourra faire aucune coupe de bois ni dégradation, à peine de dommages et intérêts, auxquels il sera condamné par corps; il pourra même être poursuivi par la voie criminelle, suivant la gravité des circonstances.

138. Si les immeubles sont loués par bail *non inscrit* avant le commandement, la nullité pourra en être prononcée, si les créanciers ou l'adjudicataire le demandent.

Si le bail a été *inscrit,* les créanciers pourront saisir ou arrêter les loyers et fermages; et, dans ce cas, il en sera des loyers ou fermages échus depuis la dénonciation faite au saisi comme des fruits mentionnés à l'article 136.

139. La partie saisie ne peut, à compter du jour de la dénonciation à elle faite de la saisie, aliéner les immeubles, à peine de nullité, et sans qu'il soit besoin de la faire prononcer.

140. Néanmoins l'aliénation ainsi faite aura son exécution si, avant l'adjudication, l'acquéreur consigne somme suffisante pour acquitter, en principal, intérêts et frais, les créances inscrites, et signifie l'acte de consignation aux créanciers inscrits.

Si les deniers ainsi déposés ont été empruntés, les prêteurs n'auront d'hypothèque que postérieurement aux créanciers inscrits lors de l'aliénation.

141. Faute d'avoir fait la consignation avant l'ad-

judication, il ne pourra y être sursis sous aucun prétexte.

142. *Huit jours au moins avant la* **troisième et dernière** *publication ou apposition d'affiche,* **le poursuivant** déposera au greffe le cahier **des charges** contenant :

1° **L'énonciation du titre** en vertu duquel la saisie a **été faite,** du commandement, de l'exploit de saisie, et des actes et jugements qui auront pu être faits ou rendus ;

2° La désignation des objets saisis, telle qu'elle a été insérée dans le procès-verbal ;

3° Les conditions de la vente ;

4° Et une mise à prix par le poursuivant.

143. Le poursuivant demeurera adjudicataire pour la mise à prix, s'il ne se présente pas de surenchérisseur.

144. Les dires, publications et adjudications, seront mis sur le cahier des charges, à la suite de la mise à prix.

145. Les enchères seront faites par le ministère d'avoués et à l'audience. Aussitôt que les enchères seront ouvertes, il sera allumé successivement des bougies préparées de manière que chacune ait une durée environ d'une minute.

L'adjudicataire sera déclaré obligé, si son enchère est

couverte par une autre, lors même que cette dernière serait déclarée nulle.

146. Aucune adjudication ne pourra être faite qu'après l'extinction de trois bougies allumées successivement. Si, pendant la durée d'une de ces trois premières bougies, il survient des enchères, l'adjudication ne pourra être faite qu'après l'extinction de deux feux sans enchère survenue pendant leur durée.

147. L'avoué dernier enchérisseur sera tenu, dans les trois jours de l'adjudication, de déclarer l'adjudicataire, et de fournir son acceptation, sinon de représenter son pouvoir, lequel demeurera annexé à la minute de sa déclaration : faute de ce faire, il sera réputé adjudicataire en son nom.

148. Les avoués ne pourront se rendre adjudicataires pour le saisi, les personnes notoirement insolvables, les juges, juges-suppléants, procureurs généraux, avocats généraux, procureurs du roi, substituts des procureurs généraux et du roi, et greffiers du tribunal où se poursuit et se fait la vente, à peine de nullité de l'adjudication, et de tous dommages et intérêts.

149. Le jugement d'adjudication ne sera autre que la copie du cahier des charges, rédigé ainsi qu'il est dit dans l'article 142 : il sera revêtu de l'intitulé des jugements et du mandement qui les termine, avec injonction à la partie saisie de délaisser la possession aussitôt la signification du jugement, sous peine d'y être contrainte, même par corps.

150. Le jugement d'adjudication ne sera délivré à l'adjudicataire, qu'en rapportant par lui au greffier quittance des frais ordinaires de poursuite, et la preuve qu'il a satisfait aux conditions de l'enchère, qui doivent être exécutées avant ladite délivrance, lesquelles quittances demeureront annexées à la minute du jugement, et seront copiées ensuite de l'adjudication. Faute par l'adjudicataire de faire lesdites justifications dans les vingt jours de l'adjudication, il y sera contraint par la voie de la folle-enchère, sans préjudice des autres voies de droit.

151. Les frais extraordinaires de poursuite seront payés par privilége sur le prix, lorsqu'il en aura été ainsi ordonné par le jugement.

152. *La saisie immobilière et l'adjudication pourront être poursuivies par-devant notaire, soit d'après les dispositions du titre constitutif de la créance, soit sur la demande du créancier, la partie saisie dûment appelée. Dans ce dernier cas, toutes les formalités ci-dessus prescrites seront observées à la diligence de l'avoué poursuivant.*

153. *Tout créancier ou ayant-droit quelconque sur les immeubles saisis, sera tenu de s'inscrire ou de se faire connaître au bureau des hypothèques, au plus tard dans la quinzaine de l'inscription du jugement d'adjudication, à peine de déchéance. Cette disposition sera applicable aux autres actes translatifs de propriété ou d'usufruit d'immeubles:*

TITRE II.

DES SURENCHÈRES ET DE L'ORDRE.

154. *Les notifications aux créanciers inscrits, les surenchères à former, ainsi que l'ordre et la distribution du prix auront lieu d'une manière uniforme pour tous actes translatifs de propriété ou usufruit d'immeubles, sauf les modifications et d'après les règles qui vont être exprimées.*

155. *Dans le cas où les sommes principales à distribuer ne s'élèveront pas à trois mille francs, l'ordre sera fait par un juge ou par un notaire spécialement commis à cet effet par le président du tribunal civil, sur une simple requête du poursuivant. Cette requête pourra être présentée avant toute notification aux créanciers inscrits. Le commissaire emploiera le mode qu'il jugera convenable pour provoquer et obtenir volontairement une surenchère ou la production des titres ; le procès-verbal de distribution sera notifié aux créanciers absents ou non consentants, aux domiciles élus dans les inscriptions. Le délai de quarante jours expiré, sans qu'il y ait surenchère ni contredit, le procès-verbal sera définitivement arrêté, et l'expédition en sera remise à un mandataire constitué pour en suivre gratuitement l'exécution par les voies et moyens qu'il jugera à propos, s'ils n'ont préalablement été indiqués.*

156. *Les exploits de notifications ne seront soumis*

qu'à un seul droit fixe d'enregistrement, quel que soit le nombre des créanciers ou requérants.

157. Les notifications relatives aux hypothèques légales devront, à peine de nullité, être faites en personne aux femmes et aux subrogés-tuteurs, ou, en cas d'absence, au juge de paix du domicile ou de la situation des biens.

158. Les actes de surenchères, ainsi que les adjudications qui en auront été la suite, seront inscrits au bureau des hypothèques et mentionnés en marge de l'enregistrement de la vente ou adjudication primitive.

159. En cas de ventes partielles, tout créancier pourra faire suspendre la distribution du prix, en provoquant et suivant la vente des autres biens du débiteur, pour ensuite être procédé à un seul ordre.

160. S'il y a concours d'hypothèques générales avec des hypothèques spéciales, les collocations seront faites de manière à remplir les spéciales par ordre de date.

161. Dans le cas où il ne pourra être laissé un capital suffisant pour assurer le service d'une rente viagère, l'acquéreur n'en paiera pas moins la rente due, aux termes stipulés dans le contrat, sauf toutes imputations de droit, jusqu'au solde de son prix en principal et intérêts.

162. Il ne devra pas y avoir plusieurs collocations

pour la même créance; mais le créancier pourra demander consignation ou supplément de sûreté, si le paiement ne peut être exigé de suite.

163. Tout ordre devra être réglé et arrêté au jour à compter duquel l'acquéreur sera tenu de payer les intérêts qui courront au profit de chaque créancier colloqué jusqu'à paiement ou consignation.

TITRE III.

DE L'APPOSITION DES SCELLÉS ET DE L'INVENTAIRE.

164. En cas d'absence de l'un des héritiers appelés à recueillir une succession, de même que lorsqu'il y aura legs universel, les scellés seront apposés et l'inventaire des biens meubles et immeubles délaissés par le défunt devra être fait par-devant notaire, en présence du juge de paix ou de son délégué, lequel pourra faire toutes demandes, réquisitions, réserves et protestations dans l'intérêt éventuel de qui il appartiendra.

TITRE IV.

DE LA VENTE DES IMMEUBLES.

165. L'adjudication qui doit avoir lieu aux termes

*de l'article 960 du Code de procédure sera définitive :
l'adjudication préparatoire étant supprimée. En conséquence les dispositions de l'article 963 demeurent
abrogées.*

SEPTIÈME ET DERNIÈRE PARTIE.

DISPOSITIONS TRANSITOIRES.

166. Dans les six mois qui suivront la publication de la présente loi, les actes translatifs de propriété ou jouissance d'immeubles qu'on aura l'intention d'opposer aux tiers, ainsi que les hypothèques
légales ou privilégiées, devront être inscrits au
bureau des hypothèques de la situation des biens,
à l'effet de conserver tous droits acquis. Passé ce
délai les actes et hypothèques ne pourront être opposés et ne prendront rang que du jour de leur
inscription.

167. Aucun droit proportionnel ne sera perçu
pour la formalité de ces inscriptions, quelles que
soient la date et la nature des actes ou hypothèques
à faire connaître ou rendre publics.

168. Néanmoins les actes translatifs de propriété
ou usufruit d'immeubles, qui auront été enregistrés
avant la promulgation de la loi, seront réputés
inscrits, si les nouveaux possesseurs sont imposés
aux rôles de la contribution foncière.

DES LOIS

SUR

L'ENREGISTREMENT.

———◦———

§ Ier.

DE LA FIXATION GÉNÉRALE DES DROITS

D'ENREGISTREMENT.

Ces droits sont de deux espèces :

Les uns proportionnels, établis sur les obligations, condamnations, collocations et libérations de sommes ou valeurs mobilières, et sur toute transmission de propriété, d'usufruit ou de jouissance de biens meubles et immeubles;

10

Et les autres fixes, s'appliquant à tous autres actes.

A l'égard des premiers, il n'y a aucune objection à faire sur le principe qui est évidemment de toute justice. Mais leur quotité est tellement élevée que beaucoup d'affaires sont entravées, souvent paralysées, abandonnées. Aussi, pour échapper, autant que possible, à l'énormité de cet impôt, les conventions sont presque toujours simulées ; et toute simulation qui devient préjudiciable au trésor public, l'est encore bien davantage à la société, aux intérêts des familles. L'on doit donc dès lors vivement désirer voir bientôt arriver l'époque où ces droits pourront subir une notable réduction.

Quant aux seconds, leur uniformité invariable, soit que les actes ou contrats aient pour objet les causes les plus minimes, soit qu'il s'agisse des valeurs les plus considérables, est tellement en opposition avec le principe de justice et d'équité suivant lequel *chacun doit contribuer aux charges de l'Etat, selon ses facultés, ses moyens ou sa fortune*, que le Gouvernement ne peut différer davantage à présenter un tarif à ce sujet. Ce tarif est d'autant plus urgent que les droits

dont il s'agit ont beaucoup été augmentés par
la loi du 28 avril 1816. Toutefois, cette espèce
d'impôt est applicable dans un si grand nombre
de circonstances différentes qu'il n'est pas possible d'établir un tarif exempt de tout reproche.
En effet, dans beaucoup de cas, le pauvre sera
toujours obligé de payer autant que le riche :
il s'agirait donc de réduire ces cas le plus possible, aux contributions ou impôts très minimes;
et répéter avec le savant jurisconsulte Treilhard :
« *Aucune loi n'atteindra jamais la perfection :
quand elle prévient la plus grande partie des
inconvénients, elle est aussi bonne qu'elle puisse
l'être.* »

Mais, dira-t-on peut-être, le moment n'est
point encore arrivé de faire, en matière d'impôts, aucun essai qui pourrait amener un déficit
quelconque dans les caisses du Trésor. Non,
sans doute. Cependant ce n'est bien certainement
pas une raison suffisante pour maintenir tous
les droits actuels, *comme ils sont établis ;* car,
on ne peut se le dissimuler, il en est beaucoup
qui sont très onéreux, exorbitants, pour un
grand nombre d'affaires peu importantes. En
conséquence voici ce qu'il me paraîtrait urgent,
indispensable d'adopter dès actuellement, sans

qu'il pût en résulter aucune perturbation possible dans les finances de l'Etat.

DROITS PROPORTIONNELS D'ENREGISTREMENT.

Ces droits continueraient à être perçus conformément aux lois actuellement en vigueur. Néanmoins ceux relatifs aux donations entre-vifs, *qu'elles contiennent partage ou non*, devraient être réduits à celui qui serait dû si la mutation s'effectuait par décès, *sans que la formalité de la transcription au bureau des hypothèques pût donner lieu à aucun droit proportionnel.* En effet, la donation entre-vifs est-elle autre chose qu'une *mutation anticipée?* En second lieu, n'est-il pas ridicule que, pour jouir d'une modération de droits, les parties soient obligées à faire *de suite* un partage que souvent elles ont intérêt à différer? Et d'ailleurs, n'est-il pas absurde que la formalité de la transcription, *qui seule transmet la propriété des immeubles, à l'égard des tiers,* donne lieu à la perception d'un droit presque double de celui perçu pour l'enregistrement? *circonstance qui fait négliger cette formalité pour le plus grand nombre des affaires, dont la sûreté reste conséquemment équivoque, incertaine.*

DROITS FIXES.

Tarif qui, selon moi, devrait être adopté pour cette espèce de droits, pourrait être établi de la manière suivante :

NATURE DES ACTES OU DROITS.	MONTANT DES SOMMES, OU VALEUR DES BIENS.								
	de 500 f. et au-dessous.	de 501 f. à 1,000 f.	de 1,001 à 5,000.	de 5,001 à 10,000	de 10,001 à 20,000.	de 20,001 à 40,000.	de 40,001 à 60,000.	de 60,001 à 80,000.	de 80,001 à 100,000.	au-dessus de 100,000
	f. c.	f. c.	f. c.	f. c.	f. c.	f. c.	f. c.	f. c.	f. c.	f. c.
Contrats de mariage, sur la valeur des biens donnés et appartenants futurs époux; donations à cause de mort ou testaments, sur valeur des s donnés ou légués; actes de société, sur les mises de fonds; partages, la valeur de tous les biens; abandonnements de biens pour être vendus direction; déclarations de command; réunions d'usufruit à la propriété, moitié des biens; titres nouvels....................	1 »	2 »	3 »	4 »	6 »	10 »	20 »	30 »	50 »	100 »
Ratifications ou acquiescements; certificats de propriété; mainlevées positions, saisies et inscriptions; acceptations de transports ou de délégations de créances à terme; délivrances de legs; décharges de sommes ou urs mobilières....................	» 50	1 »	2 »	3 »	4 »	5 »	6 »	8 »	10 »	20 »
Timbre pour l'expédition des actes compris sous les deux numéros qui cèdent....................	» 50	» 50	1 »	1 »	1 50	1 50	2 »	2 »	3 »	3 »
Droits de greffe, pour chaque rôle d'expédition (Loi du 21 ventose an VII, 7 et 8)....................	» 50	» 50	1 »	1 »	1 50	1 50	2 »	2 »	3 »	3 »
Droit d'inscription ou de transcription, y compris le salaire du conservateur....................	» 50	» 50	1 »	2 »	4 »	6 »	10 »	20 »	30 »	50 »
Salaire pour chaque radiation	» 25	» 30	» 75	1 »	2 »	2 »	3 »	4 »	5 »	10 »

A l'égard des procès-verbaux, exploits, jugements et actes, autres que ceux mentionnés
sous les n°s 1er et 2 du Tarif ci-dessus, les
droits continueront à être perçus conformément
aux lois actuelles, *sans cependant qu'ils puissent
excéder les quotités fixées par le n° 2 de ce
Tarif, lorsque les causes seront énoncées et éva-
luées.* Pour l'expédition de ces actes, il sera
employé du papier de 1 fr., sauf réduction
d'après le n° 3, s'il y a lieu, en cas d'énonciation et évaluation de cause.

Les mêmes dispositions seront applicables au
droit de greffe établi par l'article 9 de la loi
du 21 ventose an VII. En conséquence, *le droit
de rôle pourra être réduit à 50 centimes pour
les affaires de 1000 francs et au-dessous, en
exécution du n° 4 du susdit Tarif.*

Le droit de timbre du papier à employer
pour les minutes ou brevets de tous les actes,
procès-verbaux, exploits et jugements, sera réduit à 50 centimes par feuille et à 25 centimes
par demi-feuille.

Celui pour les effets de commerce, billets ou
reconnaissances de sommes sera de 25 centimes

jusqu'à 500 francs, et de 50 centimes par 1000 au-dessus de 500 francs.

Il ne sera rien dérogé aux droits actuellement établis pour le grand papier de dimension, ainsi que pour les affiches, journaux, etc.

Pour les affaires au-dessous de 500 francs, les vacations, plaidoiries et droits de rôles attribués aux juges, avocats, notaires, greffiers et huissiers seront aussi réduits aux deux tiers des fixations faites par les tarifs ou réglements.

Dans le cas où il y aura lieu à évaluation, elle ne pourra être faite, pour les immeubles, au-dessous de 100 fois l'impôt foncier. Toute fausse déclaration sera punie d'un supplément jusqu'à concurrence du triple droit de celui qui eût été réellement dû.

Les testaments ou donations à cause de mort devront être enregistrés pour mémoire, et les droits seront réglés et perçus lors des déclarations à faire en exécution de l'article 32 de la loi du 22 frimaire an VII.

Pour les états ou certificats d'inscription ou de non inscription, les conservateurs des hypothèques percevront, savoir :

1° *Pour droit de recherche, sur chaque individu désigné, 1 franc ;*

2° *Et 25 centimes pour chaque extrait d'inscription, qui pourra être fait en forme d'état et par colonnes, afin d'abréger le travail.*

Ces états ou certificats, ainsi que les registres du conservateur, ne seront point assujétis au timbre.

Les droits relatifs à la reconnaissance du dépôt de pièces ne seront dus que dans le cas où cette reconnaissance serait exigée du conservateur.

Enfin, aussitôt que la situation du Trésor le permettra, il faudrait *supprimer le décime pour franc, qui n'avait été établi qu'à titre de subvention de guerre, et qui embarrasse ou complique la comptabilité des receveurs ; réduire les droits proportionnels d'enregistrement, et abaisser le tarif d'autre part.*

§ II.

DE QUELQUES VUES ET PROPOSITIONS DE RÉFORMES.

Dans les suppléments au Dictionnaire des contraventions et nullités relatives au notariat, publiés par M. Roy, directeur des domaines à Laon, pour les années 1832 et 1833, il a été fait, sur les lois de l'enregistrement, les propositions de réformes suivantes :

1° *Droit d'enregistrement à 2 pour 100 sur les cessions d'office ou traités consentis entre les officiers publics et leurs successeurs, à établir sur le prix ou la valeur vénale de ces offices.*

2° *Mutations par décès et à titre gratuit des effets publics ou rentes sur l'Etat, à assujétir à la perception ordinaire des droits d'enregistrement.*

3° *Mutations par décès et à titre gratuit des effets publics français ou étrangers, possédés par des étrangers ou par des regnicoles; et actes sti-*

pulés dans ces valeurs, contenant obligation ou libération, à soumettre également à la perception ordinaire des différents droits d'enregistrement.

4° *Echanges d'immeubles contigus*, à assujétir aux mêmes droits que les échanges de tous autres immeubles.

5° *La réduction des droits pour les donations contenant partage*, ne doit pas s'étendre aux biens qui restent dans l'indivision.

6° *Droit d'inscription des créances hypothécaires*, à élever à 50 centimes pour 100 francs.

7° *Procès – verbaux et autres actes purs et simples des notaires*, à tarifer au droit fixe de 2 francs.

8° *Règle de perception à rétablir sur les ventes d'immeubles grevés d'usufruit*, en ajoutant moitié du prix ordinairement stipulé.

9° *Ventes et licitations de biens immeubles* à maintenir au droit uniforme de 5 francs 50 centimes pour 100, y compris les ventes de droits successifs et les soultes de partages.

10° Réduction de la quotité des droits sur les donations entre-vifs et les mutations par décès en ligne collatérale; et nouvelle base d'évaluation des biens immeubles échangés ou transmis à titre gratuit, en multipliant le revenu par 30 au lieu de 20.

Si M. Roy eût reçu et accepté la mission de rechercher les moyens d'augmenter les produits de l'enregistrement, son travail, sauf quelques points controversables, pourrait être présenté à la sanction du législateur. En effet, par l'adoption des mesures et dispositions que cet employé supérieur propose, il n'y aurait pas moins *de 30 à 35 millions d'augmentation* sur les produits de l'enregistrement! Cependant, qui réclame une augmentation d'impôts? Quelle nécessité, quel événement l'exigent? Y a-t-il mécompte dans les prévisions du budget? Quelques services essentiels à l'intérieur sont-ils en souffrance? Les relations diplomatiques de la France peuvent-elles faire craindre une rupture, une guerre prochaine avec l'étranger? A toutes ces questions, je ne vois en vérité aucune réponse sérieuse à faire pour justifier la demande d'un surcroît d'impôts, de l'augmentation du budget des recettes : ce qui est très heureux; car, il ne faut pas se le dissimuler, le fardeau des impôts est trop lourd ; si le peuple le supporte avec résignation, depuis long-temps il attend un allégement que l'état de paix doit lui procurer ; et certes, ce ne serait pas le cas de lui imposer de nouveaux sacrifices que, bien certainement, il ne supporterait point sans un murmure légitime d'improbation. Etant d'ailleurs à remarquer qu'en 1816 il a été fait, sur les droits d'enregistrement, une augmentation *qui devait cesser après l'acquittement de la contribution de guerre exigée alors par l'étranger, et qu'on attend encore la réduction promise depuis si long-temps.*

Dans ces circonstances, la mission des publicistes, comme celle du Gouvernement, n'est donc pas de proposer un accroissement aux charges déjà si énormes des contribuables, mais au contraire quelques allégements, et surtout de nouvelles combinaisons sur une meilleure, plus exacte et plus juste répartition des différentes contributions du pays.

En conséquence et d'après cet exposé succinct, je vais me livrer à l'examen consciencieux des propositions faites par M. Roy, ainsi qu'il a été énoncé d'autre part.

Sur la 1re proposition, tendante à établir un droit de 2 pour 100 sur la valeur vénale des offices,

En assimilant les cessions d'offices aux ventes d'immeubles, M. Roy a commis une grave erreur de principe. En effet, d'après la loi, l'impôt est *forcé* pour toutes transmissions entre-vifs *d'immeubles,* tandis que celles relatives aux biens meubles ou réputés tels, ne sont passibles de droits qu'autant que les parties jugent à propos de leur donner le caractère d'authenticité, ou de les soumettre *volontairement* à la formalité de l'enregistrement. Mais, en supposant que le droit récemment établi sur les transmissions d'offices soit maintenu, la nouvelle base proposée par M. Roy ne doit pas être adoptée : d'abord, parce que l'impôt en question serait *doublé sans nécessité;* et, en second lieu, parce que l'expertise à faire par les chambres de discipline, sous le contrôle des présidents et procureurs du roi près les tribunaux de première instance, me paraît devoir présenter beaucoup d'inconvénients, dont le principal tendrait à gêner ou influencer les transactions particulières qu'il faut, au contraire, respecter et maintenir, à moins de considérations très graves. Au surplus, la disposition suivant laquelle le droit serait perçu sur le capital au denier 10 de la rente viagère, *si ce capital était supérieur à celui de la valeur vénale*, devrait être supprimée comme étant purement fiscale, d'une injustice criante. En effet, la capitalisation d'une rente viagère est absurde, *comme principe général*, pour établir un droit; car l'âge du rentier, sa constitution forte ou faible, et d'autres circonstances influent nécessairement sur le taux de la rente. Tout droit d'enregistrement devrait donc être assis *sur la valeur vénale en capital de l'objet aliéné ou transmis, à l'époque de la mutation, telle que cette valeur est énoncée au contrat ou qu'elle est déclarée par les parties, sauf expertise ou tout autre moyen d'évaluation prévu et autorisé par la loi.*

Sur les 2ᵉ et 3ᵉ propositions, relatives aux rentes sur l'Etat et aux autres fonds français,

Les principaux motifs qui, dans un temps déjà éloigné, ont déterminé le législateur à exempter les fonds publics de tous impôts n'existant plus, il conviendrait de les assujétir au droit commun. Cependant il faudrait agir avec circonspection, avec une prudente réserve, en ne fixant d'abord le

droit des cessions ou transferts qu'à 25 ou 50 centimes pour 100, et ne demandant aucun droit
de mutation par décès aux étrangers. En effet,
d'une part, le crédit public est bien assis en
France, beaucoup de capitalistes sont propriétaires de rentes, et ce serait une injustice envers
les autres classes de la société que de continuer
à exempter d'impôts une masse de capitaux qui
est devenue si considérable! D'un autre côté,
l'établissement d'un droit élevé sur les transferts
pourrait avoir des conséquences fâcheuses sur les
nombreuses et journalières opérations qui ont
lieu à cet égard. Enfin, la demande d'un droit
de mutation par décès sur les créances françaises
possédées par des étrangers *morts dans leur pa-
trie* tendrait à éloigner de France les capitaux
étrangers, qui peuvent exercer une grande in-
fluence sur le crédit public et sur le taux de l'intérêt entre particuliers : il est donc d'une haute
importance, d'une sage politique d'ajourner encore un semblable projet qui, d'ailleurs, aurait
pour résultat inévitable d'assujétir les mêmes
créances ou capitaux à deux droits, exigibles :
l'un au domicile du créancier, et l'autre au domicile du débiteur.

Sur la 4ᵉ proposition,

Toute discussion devient superflue : la loi du

16 juin 1824 ayant été rapportée en ce qui concernait l'exemption du droit proportionnel sur les échanges d'immeubles contigus.

Sur la 5ᶜ proposition, qui aurait pour objet de restreindre la réduction accordée par la loi du 16 juin 1824, sur les donations entre-vifs en ligne directe, au seul cas où l'acte contiendrait un partage effectif, MATÉRIEL :

Je ne puis partager l'opinion de M. Roy. À cet égard, je persiste dans les observations que j'ai déjà faites et qui sont ainsi conçues : « Ayant été frappé de l'anomalie qui existe entre les droits de mutations par décès et ceux exigés sur les donations entre-vifs, j'émets le vœu que, dans l'un comme dans l'autre cas, le droit soit le même. La loi du 16 juin 1824 a bien consacré ce principe de justice, d'équité à l'égard des donations en ligne directe, mais à deux conditions susceptibles d'une critique fondée. En effet, pour jouir du bienfait que cette loi annonçait, et qui n'était réellement qu'un rappel à l'équité, le législateur a voulu qu'il y eût *partage,* et que l'acte ne fût pas *transcrit au bureau des hypothèques.* Cependant, d'une part les donataires peuvent avoir intérêt à différer ou même à ne pas faire un partage, ce qui donne lieu quelquefois à une *distribution fictive de lots*, et, par suite, à des contre-lettres qui exposent les parties à des pertes, désagréments ou procès. D'un autre côté, comment peut-on raisonnablement admettre que la formalité de la transcription, qui est *substantielle* aux termes des articles 939 et 941 du Code civil, donne ouverture à des droits *souvent doubles* de ceux perçus pour l'enregistrement? Toute donation entre-vifs à des *successibles* n'étant qu'une *mutation anticipée* ne devrait donc être passible, *tant pour l'enregistrement* que pour la *transcription* au bureau des hypothèques, que du droit dû pour le cas où la mutation aurait lieu par décès. Au surplus, en facilitant les donations entre-vifs, il y a bénéfice pour le Trésor, puisqu'il reçoit par avance ou anticipation; et, d'ailleurs, la législation actuelle, favorable aux personnes qui ne sont pas dans la position de vendre ni d'emprunter, grève particulièrement la petite propriété soit à cause de la difficulté de la partager, soit à raison de la nécessité où les possesseurs se trouvent souvent de la *vendre* ou de *l'hypothéquer : tout acquéreur ou prêteur exigeant préalablement la transcription des actes de donations.*

Sur la 6ᵉ proposition, tendante à porter à 50 centimes pour 100 le droit d'inscription sur les créances hypothécaires,

Je ne puis non plus me ranger à l'avis de M. Roy, et voici mes motifs : La principale raison qui semble avoir déterminé M. Roy a *quintupler* le droit dont il s'agit, est que l'hypothèque produit une garantie réelle, un cautionnement, et que, conséquemment, « il est « juste que le créancier qui acquiert cette ga-« rantie par le seul effet de l'inscription, ac-« quitte pour cette formalité un droit égal à « celui fixé pour les cautionnements. » Sans doute, si ce droit restait à la charge du prêteur, il pourrait y avoir de justes raisons de l'exiger; mais il n'en est point ainsi, ce droit serait encore supporté par l'emprunteur, et ce serait une nouvelle contribution imposée sur la propriété foncière, principalement sur un très grand nombre de petits propriétaires d'immeubles déjà fortement grevés par l'uniformité inflexible et injuste de différents salaires ou droits fixes. On objectera sans doute qu'en donnant hypothèque, le propriétaire emprunteur obtient des conditions plus avantageuses que s'il

11

n'offrait que son simple billet. Cela peut être vrai jusqu'à un certain point. Cependant il est de fait que la différence d'intérêt, entre les deux modes d'emprunts, ne dépasse pas ordinairement 1 pour 100 : ce qui, en général, est loin de compenser les frais d'obligation, et surtout les désagréments ou les inconvénients de rendre une dette publique, de grever des immeubles. Aussi, tous les propriétaires qui ont assez de crédit n'empruntent point par hypothèque; ils trouvent de l'argent sur leur simple billet ou reconnaissance; et ils ne paient pas même le léger impôt du timbre!! Les frais et inconvénients des emprunts par hypothèque n'atteignent donc réellement et presque exclusivement que les *petits propriétaires,* ainsi que ceux *déjà obérés,* et certes ce n'est point le cas d'aggraver leur position, que l'on devrait plutôt chercher à améliorer par quelques changements à apporter dans la répartition de différentes contributions. Au surplus, en matière de conventions, les droits d'enregistrement sont les seuls impôts que le Gouvernement doit retirer; les formalités d'inscriptions ou de publicité des contrats sont facultatives ou *d'ordre public;* et elles ne devraient donner lieu qu'à des salaires *gradués* suivant *l'importance des affaires,* à cause *de la responsabilité* imposée aux fonctionnaires spécialement chargés de la tenue des registres publics.

Sur la 7ᵉ proposition, qui auraït pour objet d'assujétir certains actes des notaires au droit fixe de 2 francs au lieu de 1 franc,

Je ne nie pas l'anomalie signalée par M. Roy. Mais comment ne s'est-il point aperçu qu'en évitant un inconvénient, il retombait dans un autre plus grand encore? En effet, un bail de 120 fr., une quittance de 40 fr., coûteraient 25 centimes de droit, et il serait perçu 2 fr. sur la ratification : c'est-à-dire qu'un acte formant le *complément* d'un premier, donnerait lieu à un droit *huit fois* plus élevé que l'acte principal!!! C'est donc ici le cas d'insister de nouveau sur la nécessité d'établir, pour la perception des droits fixes, un tarif gradué suivant l'importance des affaires ou de la fortune des contribuables, afin surtout que le contrat de mariage et le testament d'artisans pauvres ou peu aisés, ne paient pas autant que ceux d'opulents millionnaires. (10 francs sont beaucoup pour des personnes pauvres, 100 francs sont peu ou presque rien pour celles qui sont riches ou opulentes.) En conséquence, je proposerais de graduer les droits fixes depuis 50 centimes jusqu'à 100 francs d'après le tableau ou tarif, page 148 *bis*.

Sur la 8ᵉ proposition, tendante à établir, sur les ventes d'immeubles grevés d'usufruit au profit des tiers, le droit sur la valeur entière de l'immeuble aliéné,

Ce serait rétablir une disposition injuste, toute fiscale, qu'il faudrait au contraire abroger, même pour le cas où l'usufruit est réservé par le vendeur. En effet, est-il juste, est-il raisonnable que celui qui ne recueille ou n'achète qu'une nue-propriété *dont il pourra ne pas jouir*, paye un droit aussi élevé que celui qui acquiert propriété et jouissance à la fois? Un exemple, qui se rencontre assez fréquemment, va faire ressortir à cet égard l'injustice de la loi du 22 frimaire an VII : Après quelques années de mariage, une femme meurt laissant son père déjà âgé, deux frères, et son mari à qui elle a légué l'usufruit de tous ses biens en valeur de 200,000 francs; le mari, jeune encore, jouissant de suite, ne paiera le droit de mutation que sur 100,000 francs, tandis que le père et les frères devront *en même temps* payer sur 200,000 francs : voilà donc, pour la transmission ou mutation de biens valant 200,000 francs, des droits perçus sur 300,000 francs, ce qui est en opposition formelle à la règle reconnue et adoptée pour les donations d'immeubles à la charge de rendre ou payer des sommes d'argent. Ces perceptions, déjà exorbitantes, auront lieu sans préjudice du droit sur 50,000 francs dû au décès du père; sur 100,000 francs au décès d'un frère; et peut-être encore de nouveau sur 200,000 francs au décès de l'autre frère, à un taux très élevé : le tout avant l'extinction de l'usufruit!!! Il n'est donc point exact de n'évaluer l'usufruit qu'à la moitié de la nue-propriété, puisque dans certains cas l'usufruit acquiert une valeur beaucoup plus grande que celle de la nue-propriété. D'un autre côté, d'après les lois civiles, l'usufruit est assimilé à la propriété, et sa valeur relative, tantôt plus forte, tantôt plus faible, est souvent égale à celle de la nue-propriété. En exigeant du nu-propriétaire un droit double de celui dû par l'usufruitier, la loi blesse donc l'équité; et le législateur, en le reconnaissant, devrait décider que, pour l'enregistrement, la nue-propriété sera évaluée à la moitié de la valeur vénale, de sorte que toute transmission ou mutation serait assujétie au droit sur la valeur entière à payer par moitié entre le nu-propriétaire et l'usufruitier.

Sur la 9ᵉ proposition, ayant pour objet d'assi-miler au droit de 5 francs 50 centimes pour 100 les ventes ou licitations D'IMMMEUBLES INDIVIS,

Toujours même prédilection, même déférence pour la loi fiscale de l'an VII, sans avoir égard aux principes établis ou reconnus par le Code civil, œuvre immortelle de nos anciens légis-lateurs ! Vainement il résultera des articles 883, 888, 1476 et 1872 que tout premier acte qui intervient entre cohéritiers ou copropriétaires doit être assimilé à un partage ; que le partage est déclaratif et non translatif de propriété ; que, par suite de cette fiction, chaque copropriétaire est censé avoir succédé *seul et immédiatement* aux objets à lui attribués ou cédés ; et que, d'ailleurs, des règles particulières déterminent la garantie et l'action en lésion ou rescision de ces contrats : la loi du fisc ne voudra voir que des ventes ordinaires, et non plus de ces pactes de familles auxquels l'administration ac-cordait naguère une protection éclairée, une faveur toute spéciale ! Ici le législateur devrait donc encore faire justice de cette nouvelle exi-gence, et dire : L'administration de l'Enregis-

trement ayant reconnu qu'aucun droit proportionnel ne devait être perçu sur les soultes sti-
pulées dans un testament contenant donation ou
partage, il en sera de même à l'égard des soultes de
partages entre-vifs ou après décès et des prix de
ventes ou licitations d'immeubles indivis, lors
même que l'indivision ne cesserait pas entre tous
les copropriétaires. A ce dernier égard, je sais
bien que la Cour de Cassation semble avoir
décidé que l'acte qui ne fait point cesser *entièrement* l'indivision est de nature à être transcrit
au bureau des hypothèques, comme une vente
ordinaire; mais je ne saurais me ranger à une
pareille décision, car il en résulterait que les
articles précités du Code civil ne seraient applicables qu'au cas où *tous les copropriétaires* con-
tracteraient *en même temps* et *par un seul
acte :* ce qu'il me paraît difficile d'admettre.
En effet, l'acte par lequel un copropriétaire
cède son droit à l'un des autres copropriétaires,
doit être réputé partage à l'égard du cédant (1)
(art. 888), attendu que celui-ci a, pour le
paiement de ce qui lui est dû, son privilége
non pas en vertu de l'article 2108, mais d'après
l'article 2109 du Code civil; et que, d'ailleurs,
l'action en rescision pour cause de lésion, est

(1) Cour royale de Montpellier, 19 juillet 1828.

régie par l'article 887, et non par l'article 1674 du même Code. Néanmoins, pour prévenir tout concert frauduleux, il ne faudrait pas accorder l'exemption du droit proportionnel de mutation ordinaire à un cessionnaire dont le droit anté-rieur de copropriété ne résulterait que d'un acte ayant scindé à son profit une part individuelle ou un immeuble précédemment possédé par le même cédant, et punir d'une amende assez forte toute fausse déclaration au sujet des droits du cessionnaire dans les biens cédés.

Enfin, sur la 10ᵉ et dernière proposition rela-tive à une réduction de la quotité des droits sur les donations entre-vifs et les mutations par décès en ligne collatérale, ainsi qu'à une nouvelle base d'évaluation des immeubles échangés ou transmis à titre gratuit ou par décès,

J'ai la satisfaction de me trouver d'accord avec M. Roy sur les réductions intelligentes qu'il propose, en faisant seulement remar-quer que, dans aucun cas, *les droits de mu-tations entre - vifs* ne devraient excéder ceux exigés pour une vente ordinaire, attendu d'a-bord que cela me paraît être une anomalie, parce que la vente doit être considérée comme une *mutation entre étrangers ;* et que, d'un autre côté, pour se soustraire à un impôt élevé ou exorbitant, les parties sont disposées à employer la forme de vente au lieu de celle de la donation, ce qui ordinairement est bien différent pour les familles, puisque, à l'égard des époux : dans le premier cas, les biens donnés sont acquêts de communauté, tandis que, dans le second, ils sont propres à l'époux donataire.

Mais, en proposant de multiplier par 30 le revenu des immeubles pour asseoir la perception des droits d'enregistrement, M. Roy conserve le principe de la base actuelle, dont il a si bien démontré le vice et les inconvénients aux pages 156 et 157 du supplément pour l'année 1833. En effet, ce n'est point sur le revenu que les intérêts des parties et les droits du Trésor doivent être établis ou assis, mais sur le capital des biens. Or, en multipliant le revenu par 30, aura-t-on le capital réel ou approximatif? Evidemment non, pour un grand nombre de mutations; car le rapport qui existe entre le revenu et le capital des immeubles varie *par localité* et *par nature de propriété,* de telle sorte que, pour obtenir la véritable valeur d'un immeuble, le revenu doit être mul-

tiplié depuis quinze à vingt fois pour les établissements industriels, les maisons marchandes,
celles qui sont mal construites ou en mauvais
état, les prés, etc., jusqu'à trente, quarante
et même cinquante fois pour les propriétés avoi-
sinant les grandes villes, les maisons bour-
geoises, les terres, les vignes, etc.! D'après
ces faits positifs, incontestables, il faudrait donc,
pour toute espèce de transmission, exiger une
déclaration non pas du revenu des immeubles,
mais de leur valeur capitale à l'époque de l'ouverture du droit : cette manière uniforme de
procéder étant la seule juste, équitable, et
ayant d'ailleurs le double avantage d'établir
approximativement les droits respectifs des
parties dans beaucoup de circonstances, et
d'apporter au Trésor une *augmentation de recettes* qui permettrait *de dégrever, dans la même
administration, d'autres impôts trop onéreux ou
injustement assis.*

Telles sont les observations que j'ai cru devoir
présenter dans l'intérêt bien entendu du Gouvernement et des contribuables. J'ai discuté consciencieusement, d'après l'expérience que j'ai acquise dans les affaires, et il ne me reste plus qu'un

vœu à former : c'est celui de voir d'habiles jurisconsultes, des administrateurs éclairés s'occuper
promptement des réformes à faire aux lois sur
l'enregistrement , et de soumettre au pouvoir
législatif les dispositions qu'ils jugeront convenables.

DES

CIRCONSCRIPTIONS

TERRITORIALES.

Au nombre des obligations essentielles et importantes d'un bon Ministère envers les peuples qu'il est appelé à gouverner, se trouve, sans aucun doute, celle d'établir les juridictions administratives et judiciaires de la manière la plus commode et la plus avantageuse à tous ou

au moins à la très grande majorité des habitants de chaque localité.

La France étant divisée par communes,
cantons, arrondissements et départements, il
s'agirait donc de vérifier si les circonscriptions
actuelles sont fixées de telle sorte qu'administrateurs et administrés se trouvent dans la position la plus favorable aux communications
promptes, sûres et faciles qui doivent exister entre
eux; car, il ne faut pas se le dissimuler, cela
n'importe pas moins aux magistrats, fonctionnaires ou agents du Gouvernement, afin de
pouvoir transmettre avec célérité leurs ordres
ou instructions, qu'aux habitants qui sont incessamment appelés pour leurs affaires, soit à
la commune ou au chef-lieu de canton, soit à
l'arrondissement ou au chef-lieu du département.

Cependant, pour se convaincre des défectuosités qui existent dans la division du territoire,
il n'est besoin que de jeter un coup-d'œil sur les
cartes géographiques, ou de consulter les localités, et l'on reconnaîtra facilement combien il y a
de limites ou circonscriptions à rectifier : aussi de
nombreuses réclamations s'élèvent depuis long-
temps à ce sujet, et ce serait réellement abréger

le travail que d'ordonner une révision générale qui est désirée et très nécessaire.

L'on demandera, peut-être, comment il est possible que la division du territoire présente autant d'irrégularités et de vices dans son organisation primitive ; mais la réponse est facile. *Lorsque le Gouvernement s'est occupé de cet objet, son attention était portée sur d'autres affaires bien plus graves : sur une nouvelle législation intérieure, et sur les continuelles guerres ou agressions du dehors.*

La division de la France, par départements surtout, a dès lors été faite à la hâte ; l'on n'a pas eu égard aux distances respectives de chaque localité ; mais un fleuve, une rivière (un ruisseau même), ont servi de limites ; et comme c'est précisément sur le bord ou à des distances très rapprochées de cette espèce de séparation qu'il existe des villes ou villages riches et populeux, les habitants de l'un des rivages qui n'auraient qu'à traverser le fleuve ou la rivière, *le plus ordinairement en passant sur un pont,* pour trouver leur juge de paix, les tribunaux, la préfecture et même la cour royale, sont obligés de se rendre incessamment à des distances éloignées, soit pour leurs affaires personnelles, soit pour le paiement de leurs contributions ou des droits du fisc, soit enfin pour l'accomplissement des devoirs qu'une charge ou fonction quelconque peut leur imposer.

D'autres considérations d'un ordre général et plus élevé, bien dignes de fixer l'attention du Gouvernement, devraient le déterminer à s'occuper promptement de l'objet dont il s'agit. En effet, il existe déjà des compagnies ou sociétés d'assurances et autres institutions qui doivent s'administrer exclusivement pour certaines localités déterminées; il s'en établira sans doute encore de nouvelles, notamment dans l'intérêt de toutes les classes de la société, pour faciliter l'emploi et le placement de toutes sommes ou de tout capital quelconque, soit à terme, soit en viager ou à fonds perdu, selon l'aisance, la position ou le gré de chaque individu.

Enfin, le système hypothécaire qui régit la France présente des imperfections et des lacunes si nombreuses et si importantes, qu'on ne peut tarder long-temps à y apporter de notables changements ou améliorations. Mais auparavant il serait très essentiel, pour la facilité et la sécurité des transactions, que chaque canton ou arrondissement hypothécaire fût établi et fixé de manière à ne plus éprouver aucune variation, aucun changement.

D'après cet exposé, il serait donc urgent et de la plus grande importance que la division de la France en communes, cantons, arrondissements, départements et ressorts de cours royales fût irrévocablement déterminée de la manière la plus avantageuse et la plus commode aux habitants de chaque localité. Et d'ailleurs, pour se convaincre que beaucoup de communes ne sont pas assignécs au chef-lieu de canton avec lequel les communications sont plus rapprochées, plus fréquentes et plus faciles, il n'est besoin que de consulter le travail, fait dans chaque bureau de poste, pour le service des piétons ou facteurs ruraux, et l'on reconnaîtra, en effet, qu'un assez grand nombre de communes font partie de l'arrondissement d'un bureau établi dans un chef-lieu autre que celui dont elles dépendent sous les rapports administratifs et judiciaires.

La nécessité d'apporter des changements dans les circonscriptions territoriales une fois reconnue, il s'agirait d'adopter un plan et de faire exécuter un travail général qui fût en harmonie avec les institutions actuelles, et même dans la prévision

des lois ou dispositions législatives qui ne tarderont sans doute pas à intervenir pour assurer davantage les droits ou intérêts de tous,
et pour apporter une sage économie dans les
différentes branches de l'administration du pays.
En conséquence, voici la marche qu'il me paraîtrait le plus convenable de suivre :

COMMUNES.

Un grand nombre de communes ont une
population tellement faible qu'il n'est pas possible de former légalement et convenablement
les conseils municipaux. Il serait donc nécessaire, indispensable, d'opérer des réunions ou
agglomérations, de manière que chaque commune
eût au moins 300 habitants. Les hameaux et
écarts qui dépendent des villes devraient être
formés en communes rurales ou réunis aux
villages voisins, attendu qu'il existe une différence trop grande entre les habitudes ou usages
des habitants des villes et ceux de la campagne.

*Les distances seules pourraient s'opposer aux
réunions ou agglomérations : mais en principe,
toute commune, tous hameaux et écarts seraient
susceptibles d'être réunis, pourvu que le chef-*

lieu de la commune ne fût pas à plus de deux kilomètres et demi (ou une demi-lieue) de distance. Pour opérer les réunions dont il s'agit l'on pourrait d'ailleurs consulter utilement les circonscriptions établies pour le service des différents cultes.

CANTONS.

Il existe aussi un assez grand nombre de cantons qui ont réellement trop peu d'importance. Il conviendrait, en effet, que la population ne fût pas au-dessous de 10,000 ames pour chacun, à cause du siége de la justice de paix, des comités de l'instruction primaire, de la formation et révision des différentes listes électorales, et des bureaux de poste et d'enregistrement qui devraient y être établis. Les droits d'enregistrement surtout sont assez élevés pour que cette formalité ait enfin un autre but que l'intérêt seul du fisc : il faut donc espérer que l'administration de l'enregistrement ne tardera pas à recevoir, *par des dispositions législatives,* la mission d'assurer la foi des transactions , en inscrivant sur des registres, *au bureau du chef-lieu de chaque canton, tous les actes qui éta-*

*blissent, modifient ou changent l'état-civil ou
la capacité des personnes, et ceux qui grèvent
ou aliènent la propriété ou jouissance des immeubles, afin que tout intéressé puisse en prendre
connaissance et se faire délivrer les extraits ou
certificats nécessaires.*

Pour la formation des cantons, c'est encore
le principe des distances qui doit être le guide
principal, et il conviendrait conséquemment que
chaque commune ne fût pas éloignée de plus
d'un myriamètre *(ou deux lieues)* du chef-
lieu.

ARRONDISSEMENTS.

Les arrondissements devraient être formés
suivant la majorité des vœux exprimés par les
habitants des divers cantons qui, d'après leurs
situations ou positions topographiques, seraient
naturellement destinés à composer l'arrondissement communal.

DÉPARTEMENTS.

La règle adoptée pour la formation des arrondissements devrait être suivie pour composer les départements, *sans avoir égard à ces limites insignifiantes de ruisseaux ou petites rivières qui établissent les circonscriptions les plus vicieuses, les plus bizarres et les plus contraires aux intérêts des habitants d'un très grand nombre de localités.*

COURS ROYALES.

Il existe une différence tellement grande entre les différents ressorts ou circonscriptions des cours royales qu'une réorganisation est également nécessaire à cet égard. Ces tribunaux supérieurs ne sont pas d'ailleurs d'un besoin aussi nécessaire que les justices de paix et tribunaux de première instance, *dont la compétence doit même être augmentée dans l'intérêt de la société,* et il serait dès lors à désirer que, par des suppressions

assez nombreuses, il fût établi plus d'uniformité dans la composition, l'importance, l'étendue et la population du ressort de chaque
cour royale.

OPPORTUNITÉS DES CHANGEMENTS A APPORTER

DANS LES DIFFÉRENTES CIRCONSCRIPTIONS

TERRITORIALES.

C'est précisément à l'époque où l'on s'occupe
à reconstruire ou fonder en quelque sorte l'édi-
fice social qu'il est important d'en établir les
premiers éléments sur des bases certaines ,
fixes et pour ainsi dire invariables. *Or, qui
pourrait nier que la division du territoire en communes, cantons, arrondissements et départements,
de la manière la plus commode et la plus avantageuse aux habitants de chaque localité, ne
fût la base essentielle de toute direction ou ins-
titution politique, administrative et judiciaire?* Et
d'ailleurs, les nombreux projets de lois qui sont
journellement présentés *aux Chambres* pour des
rectifications de limites ou changements de
circonscriptions par suite de réclamations qui

sont adressées au Gouvernement, ne justifient-ils pas suffisamment l'opportunité et l'utilité d'un travail général sur ce sujet important?

En résumé, les limites ou circonscriptions territoriales ont besoin d'être rectifiées dans un grand nombre de localités; des divisions plus rationnelles et mieux entendues seraient également avantageuses aux administrateurs et aux administrés; et l'on ne peut dès lors trop désirer que le travail dont il s'agit soit promptement ordonné et mis à exécution par le Gouvernement, dont la mission principale est de s'occuper à améliorer la position ou le bien-être matériel de la grande majorité des Français.

Bien convaincu de l'utilité, de l'urgence même qu'il y aurait à s'occuper des circonscriptions territoriales; j'ai adressé à cet égard mes réflexions à M. le ministre de l'intérieur dès le 17 septembre 1831, et les observations qui précèdent ont été communiquées à un conseil composé de jurisconsultes distingués, s'occupant avec zèle et talent de questions administratives. Ce conseil n'a pas partagé mon opinion

sur ce sujet important ; il a pensé « qu'une
« nouvelle délimitation générale serait impossible
« d'abord, et, si elle avait lieu, aussi impar-
« faite peut-être que celle qui existe ; qu'il
« convenait de laisser au temps et à l'expérience
« le soin de signaler successivement les chan-
« gements et les améliorations ; qu'enfin, le
« nombre des populations et leurs habitudes
« ne devaient pas être pris en moins grande
« considération que l'élément des distances. »

Mais, ma conviction n'étant point changée,
j'ai répondu :

1° Que le nombre des populations et leurs
habitudes doivent être pris en sérieuse considération, puisque, d'une part, j'admets ou je
conserve les communes ayant 300 habitants,
et que, d'un autre côté, je voudrais que les
conseils municipaux fussent consultés ;

2° Que l'élément des distances est démonstra-
tif et non *limitatif*, absolu ; puisque je pense
que l'on doit y déroger soit pour quelques
communes *isolées*, soit à cause de bois, de
montagnes, de grandes rivières ;

3° Qu'une nouvelle délimitation générale n'est point impossible, comme je l'entends, parce qu'il ne s'agit pas de détruire, mais de perfectionner ou mieux établir ce que l'expérience a reconnu défectueux ;

4° Que, par les mêmes motifs, une nouvelle délimitation laisserait *peu d'imperfections*, puisque tous les intérêts auraient été préalablement appelés, discutés, conciliés et jugés avec tout le temps et après toutes les instructions ou informations nécessaires ;

5° Enfin, que les améliorations successives, provoquées et obtenues par des intérêts particuliers, *souvent contraires à une bonne administration générale,* et presque toujours insignifiantes ou incomplètes, ne peuvent produire aucun résultat satisfaisant, attendu que, dans un grand nombre de localités, justice ne sera pas réclamée par apathie, par indifférence, par esprit étroit d'individualité, ou qu'elle ne sera point rendue par suite de conflit, de rivalités qui s'établissent entre les conseils de communes, de cantons, d'arrondissements et surtout de départements : *chaque département s'obstinant ordinairement à conserver la plus petite parcelle de terrain, sans aucun égard à l'intérêt général, ou à celui d'une pa-*

pulation entière; de sorte que les nombreuses défectuosités se perpétueraient, si l'on ne prenait l'initiative par une mesure générale, puisque ces défectuosités existent déjà *depuis plus de 40 ans.* Et, d'ailleurs, comme l'a dit récemment un publiciste distingué, M. L. Millot, avec une justesse d'observation incontestable : « *L'administration doit tout faire, doit être partout, la gardienne de tous les intérêts, parce que* L'INDIFFÉRENCE *et* L'ÉGOÏSME *ne portent pas à s'opposer à ce qui est mal ou défectueux : le citadin comme l'habitant des campagnes dédaignant le mieux être qui résulterait des efforts communs.* »

TABLE

DES MATIÈRES.

PREMIÈRE PARTIE.

DE LA LÉGISLATION HYPOTHÉCAIRE.

Pages.

Considérations générales, ou nécessité de reviser et améliorer la législation hypothécaire.................. 1

PRINCIPAUX VICES DU RÉGIME HYPOTHÉCAIRE.

Du défaut de transcription............................. 12
De la dispense d'inscrire les hypothèques légales....... 19
Du renouvellement des inscriptions.................... 25
Examen du projet de M. Decourdemanche............. 28
Examen du projet de M. Sévin........................ 43
Des lois sur le taux de l'intérêt....................... 52

VUES ET PROPOSITIONS DE L'AUTEUR DE CE TRAITÉ.

Considérations générales sur la publicité des actes..... 6, 53
De l'état des personnes............................... 54
Des actes relatifs aux immeubles..................... 54
Du cadastre 42, 55

RÉVISION DU CODE CIVIL.

Pages.

Du domicile 40, 56
Des substitutions 5, 56
Du régime dotal 5, 57
De la vente à réméré 57
Du privilége du Bailleur 48, 58
Du privilége du Vendeur 59
De l'hypothèque légale des Femmes 38, 50, 59, 65, 68
De l'hypothèque légale du Trésor 61
Hypothèque conventionnelle. — Procuration.............. 62
    Id.   Désignation des biens.................. 49, 62
    Id.   Biens à venir 63
Inscription. — Biens présents et à venir .... Ibid.
    Id.   Faillite. — Nullité 38, 47, 64, 68
    Id.   Durée. — Renouvellement.............. 51, 64
    Id.   Radiations 50, 64
Du délaissement... 65
Incendie. — Indemnité.. 66
De la prescription par 10 et 20 ans .... Ibid.
De la prescription de 50 ans. 67

CODE DE PROCÉDURE.

De la saisie immobilière.................................... 68.
Des notifications aux créanciers inscrits................ 69
De la surenchère .... Ibid.
De l'ordre .... Ibid.
De l'inventaire... 72
De la vente des immeubles.................. .... Ibid.
Dispositions transitoires .... 73.
Moyens d'exécution...................... 28, 41, 46, 51, 74
Résumé... 84
Conclusion... 85
Projet de loi 89

DEUXIÈME PARTIE.

DES LOIS SUR L'ENREGISTREMENT.

§ Ier.

De la fixation générale des droits........................ 146
Projet de tarif des droits fixes......................... 148 *bis.*

§ II.

Observations sur quelques propositions de réformes....... 152

TROISIÈME ET DERNIÈRE PARTIE.

Des Circonscriptions territoriales....................... 173

FIN.